DÉVELOPPEZ VOTRE FEU SACRÉ

Catalogage avant publication de Bibliothèque et Archives nationales du Québec et Bibliothèque et Archives Canada

Faille, Marcelle della, 1964-
   Développez votre feu sacré : Réussir dans la vie, c'est vivre avec passion !
   Comprend des réf. bibliogr.
   ISBN 978-2-89436-329-4
   1. Succès - Aspect psychologique. 2. Réalisation de soi. 3. Vie spirituelle. I. Titre.
   BF637.S8F34 2012   158.1   C2011-942337-5

Nous reconnaissons l'aide financière du gouvernement du Canada par l'entremise du Programme d'aide au développement de l'édition (PADIÉ) pour nos activités d'édition.

Nous remercions la Société de développement des entreprises culturelles du Québec (SODEC) pour son appui à notre programme de publication.

Infographie de la couverture : Marjorie Patry
Mise en pages : Roseau infographie inc.
Révision linguistique : Amélie Lapierre
Correction d'épreuves : Michèle Blais

Éditeur : Les Éditions Le Dauphin Blanc inc.
   Complexe Lebourgneuf, bureau 125
   825, boulevard Lebourgneuf
   Québec (Québec) G2J 0B9 CANADA
   Tél. : (418) 845-4045   Téléc. : (418) 845-1933
   Courriel : info@dauphinblanc.com
   Site Web : www.dauphinblanc.com

ISBN : 978-2-89436-329-4

Dépôt légal : 1er trimestre 2012
               Bibliothèque nationale du Québec
               Bibliothèque nationale du Canada

© 2011 par Les Éditions Le Dauphin Blanc inc.
Tous droits réservés pour tous les pays et pour toutes les langues.

Imprimé au Canada

Limites de responsabilité
L'auteure et l'éditeur ne revendiquent ni ne garantissent l'exactitude, le caractère applicable et approprié ou l'exhaustivité du contenu de ce programme. Ils déclinent toute responsabilité, expresse ou implicite, quelle qu'elle soit.

Marcelle della Faille

DÉVELOPPEZ VOTRE FEU SACRÉ

Réussir dans la vie,
c'est vivre avec passion !

Le Dauphin Blanc

TABLE DES MATIÈRES

Remerciements 9
Préface 13
Introduction 17

1. Une vie accomplie 21
2. Avoir le feu sacré 37
3. Vibrer l'abondance infinie pour réussir sa vie 47
4. Découvrir son feu sacré 71
5. Nourrir son feu sacré 89
6. Évoluer grâce à son feu sacré 105
7. Le premier pas 131
8. Vitalité et joie 151
9. S'enrichir quoi qu'il arrive 173
10. La passion amoureuse 179
11. De la passion à la paix 187

Témoignages 203
Et si vous décidiez de vivre avec passion cette année ? ... 207
À propos de l'auteure 210
Recommandations 211
Bibliographie 213

« Vous êtes ici pour servir autrui.
Vous possédez des dons uniques que vous seul pouvez offrir.
Vos passions vous indiquent comment accomplir votre but
et servir de la manière la plus efficace.
Lorsque vous vous alignez ainsi sur le but de votre vie,
vous expérimentez la joie et l'accomplissement,
et vous découvrez que vous détenez toujours toutes les
ressources dont vous avez besoin pour atteindre ce but. »

—**Chris et Janet Attwood**

Aujourd'hui, j'apprécie et je remercie…

… les nombreux et joyeux participants aux ateliers que je donne un peu partout en Europe, à la Guadeloupe, à la Martinique ainsi qu'au Canada. Je suis toujours très émue de les rencontrer ou de les retrouver et de recevoir leurs témoignages et anecdotes de manifestations puissantes grâce à leur alignement.

… les nombreux et joyeux participants qui assistent aux formations multimédias dans le monde entier : Bénin, Sénégal, Belgique, Suisse, France, Italie, Espagne, Martinique, Guadeloupe, Canada, Maroc, Tunisie. Je m'émerveille chaque jour de les suivre et de les entendre partager leurs échecs et leurs succès avec une spontanéité et une confiance totale dans l'amour et le soutien du groupe.

… les nombreux lecteurs qui viennent me saluer aux salons du livre de Montréal ou de Québec ou qui m'écrivent directement à http://loi-d-attraction.com ou sur Facebook, Twitter, Viadeo ou LinkedIn afin de me transmettre leurs remerciements avec tant de joie et d'enthousiasme.

Quel bonheur pour moi d'être témoin de tant de bien-être !

Tous ces gens me soutiennent par leur présence dans ma vie. Je leur en suis reconnaissante.

J'apprécie et je remercie particulièrement…

… Marcy Koltun-Crilley, ou « Marcy from Maui », pour sa manière légère et joyeuse de partager avec toute personne qui l'approche ses expériences de la loi d'attraction en action. En l'observant, j'envisage la vie dans la joie, l'allégresse et la légèreté. La joie avant tout !

… Abraham-Hicks, pour ses enseignements clairs et simples qui apportent les réponses à toutes mes questions concernant l'alignement sur l'être divin en moi. Grâce à lui, j'apprends à envisager ma vie à travers les yeux de la Source et cela m'aide à m'élever au-dessus des tourments et des tempêtes de ma vie. Je le remercie de contribuer à la vulgarisation de la connaissance infinie et à sa diffusion simple et efficace.

… Robert Scheinfeld qui, par ses écrits et ses discours, partage sa façon de fonctionner qui est hors normes. La vie est un jeu et chacun détient le pouvoir de choisir les règles qu'il veut suivre.

… mon éditeur, Alain Williamson, et sa collaboratrice, Sonia Marois, avec qui j'aime rire et partager des expériences de vie en général. Leur soutien constant et leur amitié m'encouragent à aller de l'avant.

… Jean-Pierre Le Bouar, Niska et Elona, que je retrouve chaque année à Montréal et qui m'apportent tant de joie et d'amour inconditionnel à toutes les retrouvailles. Je les sens près de moi toute l'année et leur présence flamboyante dans mon cœur m'est très précieuse.

… les organisatrices de mes ateliers à l'étranger (Martine Laurent, Maeva Buades, Jackie Delahaye, Marielle Eve) qui donnent le meilleur d'elles-mêmes dans cette tâche importante. Je les remercie de prendre tout cela en charge avec une telle joie et une telle légèreté !

… tous les « acteurs » que je rencontre sur ma route et qui m'aident à évoluer et à grandir à l'intérieur. Leurs actes et leurs comportements me donnent l'occasion d'avancer encore plus loin vers la connaissance et la vérité. J'éprouve de plus en plus d'amour inconditionnel grâce au lâcher-prise qu'ils me poussent à exercer.

Merci à eux, maintenant et toujours !

Remerciements

J'apprécie et je remercie également…

… Vincent, mon compagnon de vie, qui partage chacune de mes aventures avec joie, légèreté et plaisir. Il est mon âme sœur, il est prêt à me soutenir quoi qu'il arrive, dans de grands éclats de rire !

… mes filles, Noémie, Barbara et Roxane, qui me montrent jour après jour comment cultiver mon bien-être et ma joie, ma passion et l'amour inconditionnel qui nous unissent ! Grâce à elles, je maîtrise de mieux en mieux l'utilisation consciente de la loi d'attraction, je suis joyeuse, je joue et je ris, je vis dans l'instant présent à tout moment, je donne et je reçois amour et tendresse sans compter, je me concentre uniquement sur les bons moments, j'accueille l'abondance !

… la Source en moi, autour et à travers moi. Cet Univers. Le processus de création. Mes créations. Ma partie divine, infiniment et puissamment créatrice. J'adore me relier à elle et je me sens si bien en sa présence.

Merci, merci et merci, encore, encore et encore !

Je les aime et les remercie de tout mon cœur d'être là !

Préface

Je ressens énormément de plaisir aujourd'hui à l'idée de vous présenter cette œuvre passionnante qui nous parle et nous reparle de notre flamme intérieure, douce et forte à la fois, cette lumière intérieure qui nous guide dans la nuit sombre de nos peurs et de nos fausses croyances.

Ce livre a pour but de ranimer notre relation avec nous-mêmes, avec l'autre et avec le monde, et ce, en nous rebranchant à l'esprit sacré et universel de notre feu individuel et du feu divin universel. Ce livre et son cercle de feu permettront à ce mode de fonctionnement d'émerger de nouveau dans notre vie.

Le feu était sacré pour de nombreuses civilisations anciennes. Les prêtres, chamans et autres autorités spirituelles utilisaient les feux sacrés pour la divination. On les allumait et on observait la forme de la fumée qui s'en dégageait. Le feu du foyer était souvent le centre de l'activité familiale. Il servait à la préparation des repas et, à la fin de la journée de travail, on s'y réunissait pour se raconter des histoires. Et dans la lumière « crépitante » de ce feu, le sage tissait ses contes magiques…

Venez vous asseoir dans la chaleur de votre feu intérieur et écoutez-le parler de vos aspirations, de vos préférences, de vos ressources, du but de votre âme et d'un monde intérieur peuplé de dragons et de fées symboliques.

Après avoir découvert comment vivre une vie accomplie dans *Faites sauter vos limites,* décidez aujourd'hui de découvrir ou de redécouvrir votre passion, ce feu intérieur sacré qui vibre en vous avec tellement de force et de puissance qu'il vous empêche parfois de dormir ou de passer vos journées l'esprit tranquille.

Tant que vous ne répondrez pas à son appel, il reviendra vous murmurer : « Viens ! Suis-moi ! » Son appel peut prendre la forme de rêves, d'intuitions, d'idées stupéfiantes, ou d'accidents et de blessures pour certains. Découvrez votre feu sacré. Il vous garantira une vie de transformations et d'accomplissements continus. Nourrissez ce feu. Et évoluez grâce à lui.

Comme pour tout, un premier pas s'impose, et cela peut vous sembler difficile à réaliser au début. Cependant, si vous avez pris l'habitude de vous aligner sur votre joie la plus constante possible, ce pas deviendra la prochaine étape logique sur votre chemin d'évolution.

Ce premier pas vous mènera vers une vie de vitalité et de joie constantes, où vous percevrez l'abondance partout, toujours présente, dans un flux infini et joyeux. Vous vous enrichirez de tout – richesses matérielles, intellectuelles et spirituelles –, indépendamment des limitations extérieures des marchés, des opinions et de la société, et ce, quoi qu'il arrive.

Apprenez également à reconnaître la passion amoureuse pour ce qu'elle est, la vibration suprême de l'amour inconditionnel. Comprenez que la passion amoureuse, souvent confondue avec la fusion amoureuse, se transforme au fil du temps en tendre douceur ou douce tendresse, avec de beaux et de nombreux moments enflammés, pour un jour, tout doucement, si vous le désirez, se changer en une paix intérieure et durable, quoi qu'il arrive.

À ce moment-là, vous aurez ranimé votre relation avec vous-même, avec l'autre et avec le monde. Vous vous serez rebranché à l'esprit sacré et universel de votre feu individuel et du feu divin universel.

Un à nouveau

Si ce livre résonne en vous, et si vous mettez ses principes en pratique, vous rejoindrez le cercle international et infini des personnes qui partagent ouverture du cœur, amour infini et développement des traditions de sagesse et d'harmonisation spirituelles.

Peu importe votre chemin spirituel, reliez-vous à l'élément sacré du feu extérieur et intérieur. Dans l'espace sacré que nous offre le feu, nous partageons nos vies et nos dons. Que nous soyons calmes et contemplatifs, émotifs et rebelles, voire irrévérencieux, chaque moment que nous passons autour de notre feu nous fournit de nombreuses occasions de nous ouvrir à la transformation et à la sagesse de notre âme.

Histoires et musique, rires et plaisanteries, confiance et conflits sont souvent partagés et transformés autour du feu extérieur. Il en va de même lorsque vous vous rebranchez aux dons offerts par votre feu intérieur. Ils se déploient dans votre vie. Je vous invite à tenter cette expérience magique, alchimique et transformatrice qui ouvre le cœur et soulage l'esprit. Impliquez-vous dans votre vie et dans celle du monde extérieur en rencontrant régulièrement votre feu sacré.

Aujourd'hui, je suis votre hôtesse, et je vous souhaite la bienvenue. Chaque fois que le cœur vous en dit, rejoignez-moi encore et encore, ici et maintenant, auprès de votre feu sacré personnel et du feu sacré universel.

Je vous souhaite beaucoup d'amusement et de joie sur votre chemin de feu !

Marcelle della Faille

(http://loi-d-attraction.com)

INTRODUCTION

Êtes-vous prêt à devenir l'un des êtres les plus heureux et les plus aimants du monde ?

Vivez avec passion. Apprenez à aimer autrui et la vie entièrement et complètement, car vivre avec le cœur ouvert, c'est aimer chaque partie de l'expérience appelée la vie. Apprenez à aimer les bienfaits et les merveilles de la vie autant que les personnes, les situations ou les circonstances les plus difficiles que vous croyiez ne jamais pouvoir apprécier.

Accomplir vos rêves, c'est avant tout connaître vos passions. Pour connaître vos passions, sachez ce que vous aimez vraiment. La clarté vous fait tomber amoureux de vos rêves, au point de ne plus pouvoir vous empêcher de les suivre et de les concrétiser. L'accomplissement dans la vie naît toujours de l'amour. Pas simplement de l'amour-propre et de l'amour des autres, mais aussi de chaque situation, de chaque circonstance et de chaque expérience de vie.

Que vous faut-il pour accomplir vos rêves et transformer vos passions en un sentiment d'accomplissement profond ? Un doux engagement.

Je suis passée par autant de problèmes que vous. Mon engagement à toujours revenir à l'amour a mené ma vie à son niveau actuel. C'est l'engagement que vous prenez envers vous-même de demeurer ouvert aux occasions, de « vibrer » la joie et le bien-être le plus souvent possible et de demander et recevoir du soutien lorsque vous en ressentez le besoin. C'est l'engagement de vous lancer dans l'aventure en vous sachant soutenu par la Source et ses agents coopératifs.

Ensuite, il s'agit d'avancer, étape par étape, d'apprendre à être inébranlable et à faire des choix en faveur de vos passions, en découvrant le secret de la création de relations miraculeuses et le mystère de la liberté financière pour enfin vous éveiller à la plénitude de la vie spirituelle. Ces stades de déploiement se produisent en leur temps, dans un ordre spécifique et unique pour chacun.

Faites un pas en avant. Engagez-vous à mener votre vie vers un nouveau niveau de conscience et vous entrerez dans un monde nouveau où la passion est primordiale et où joie et accomplissement sont des expériences journalières.

Vous découvrirez ce qui vous manque et, en suivant vos passions, vous accélérerez le déploiement de votre richesse personnelle. Vous passerez de la confusion, issue du besoin de tout comprendre mentalement, à la clarté d'une vie passionnée et significative. Vous passerez du statut de victime des circonstances au statut de créateur conscient de votre vie.

Vous oublierez vite les jours où vous agissiez seul et vous vous entourerez de personnes qui vous encourageront à choisir la passion plutôt que la peur. Vous verrez clairement les murs contre lesquels vous vous cognez la tête encore et encore, et vous maîtriserez votre rythme de progression. Vous passerez du sentiment d'accablement au sentiment de maîtrise de toute situation. Vous abandonnerez le découragement et la frustration et vous développerez la capacité de voir les occasions présentes. Vous cesserez de vous laisser influencer par le monde extérieur et vous concevrez un environnement intérieur qui fera fleurir vos dons uniques.

Grâce aux concepts et aux exercices proposés dans ce livre, vous maîtriserez de plus en plus le processus pour clarifier ce qui compte le plus pour vous. Vous serez si habitué à suivre vos passions qu'il vous deviendra suprêmement inconfortable de prendre une direction qui ne soit pas profondément liée à ce que vous aimez et appréciez. Vous développerez la capacité spontanée de répondre à la guidance de la nature et de traverser les périodes difficiles avec grâce et facilité. Vous maîtriserez les outils vous permettant de défaire et de démêler les croyances limitatives qui vous empêchent d'ouvrir complètement votre cœur et de vivre pleinement votre vie. Vous passerez en revue vos succès et vous cocréerez à partir de la nouvelle plateforme qu'ils vous offrent. Vous déterminerez les actions que vous pouvez entreprendre pour harmoniser vos résultats. Vous découvrirez les outils les plus efficaces pour vous en vous créant une vie passionnée et passionnante.

Alors, êtes-vous prêt à devenir l'un des êtres les plus heureux et les plus aimants du monde ?

Chapitre 1

UNE VIE ACCOMPLIE

*Plus vous croyez que tout ira bien pour vous,
plus vous accélérez la manifestation de vos rêves.*

La plupart des êtres physiques luttent contre les contrastes, ou les problèmes, et s'ils le pouvaient, ils les élimineraient de leurs expériences de vie et ne choisiraient que ce qu'ils préfèrent. Comprenons, toutefois, en tant que créateurs, que le contraste est essentiel à la prise de décision.

Une vie sans contraste est une vie sans accomplissement

Vous ne pourriez pas décider de ce que vous voulez si vous ne viviez pas le contraste de ce que vous ne voulez pas. La partie divine en vous admet que toute décision est une concentration de l'Énergie universelle. En d'autres termes, tout est Énergie et tout dépend de la manière dont vous l'exprimez, dont vous la concentrez et dont vous y prenez part. Vous devenez une force créatrice en utilisant l'Énergie selon votre perspective, vos croyances, votre intention, votre concentration et votre décision. Pouvez-vous sentir la différence de pouvoir qui existe entre « je voudrais avoir ou je veux ceci » et « j'ai décidé cela » ? La décision implique une focalisation de l'Énergie.

Mon intention dominante dans mon interaction avec vous au sein des pages de ce livre est de vous aider à comprendre, sans doute aucun, comment percevoir ou ressentir si vous êtes en concordance vibratoire avec votre propre décision.

Les contrastes vous aident à prendre une décision, mais rares sont les personnes qui sont en harmonie avec leur propre décision. C'est la raison pour laquelle vos désirs ne viennent pas facilement à vous : vous n'êtes pas en harmonie vibratoire avec votre propre décision, car vous n'utilisez pas vos « capteurs » pour déterminer quel signal vous offrez « vibratoirement ». Vous utilisez des idées, des croyances, des mots, des actions ou un comportement. Vous essayez de contrôler les choses par votre comportement, alors que tout ce que vous avez à faire, c'est apprendre à harmoniser votre énergie. Conformément à la loi d'attraction, ce qui est aligné sur votre Énergie doit venir à vous.

Tout ce qui vient à vous est, sans exception, en correspondance vibratoire avec le signal que vous émettez. À chaque instant, vous offrez une sorte de fréquence radio vibratoire et l'Univers y répond.

Souvent, nous disons : « Je veux plus d'argent » en fonction du « ressenti » selon lequel nous n'en avons pas « assez ». Alors, l'argent ne peut pas venir à nous parce que nous émettons un sentiment de manque ou de frustration (pas « assez » d'argent), tout en énonçant notre désir d'avoir plus d'argent. L'argent ne peut pas venir parce qu'il ne vient pas en réponse à nos mots ; tout vient en réponse à notre vibration.

Traversez la vie en vous basant sur votre ressenti plutôt que sur votre intellect. Vous voulez atteindre le stade où vous pourrez immédiatement ressentir les réponses aux questions suivantes :

« Suis-je vibratoirement à la hauteur de qui je suis et de ce que je veux ? » ou « ai-je choisi, sous l'influence des autres ou d'une vieille ligne de pensée, de me focaliser sur quelque chose d'inférieur et de plus lent vibratoirement ? ».

Si votre seul but était de vous sentir bien, vous n'auriez plus besoin d'entendre un seul mot d'autrui. Vous vivriez avec succès et bonheur et vous accompliriez éternellement le but de votre vie. Suivez la voie de votre bonheur. Lorsque vous choisissez vos pensées, vos souvenirs ou des instants du présent qui vous offrent un bon ressenti, vous choisissez une vibration qui correspond à celle de la Source. Seulement ce qui vibre à la hauteur de cette vibration élevée peut vous atteindre.

Faites ce que vous avez à faire ici

Qu'est-ce que le désir ? Tout désir résulte du fait que nous vivons dans un environnement diversifié. Les désirs naissent naturellement en nous. Tout désir est la promesse du futur, l'appel de la vie. La demande résulte du désir qui naît en vous. Lorsqu'un contraste nous aide à prendre une nouvelle décision ou à lancer un nouveau désir, ce désir appelle vibratoirement l'énergie. La force de vie répond à cette demande : « Comment est-ce que je vibre au moment où le désir circule à travers moi ? Est-ce que je permets à la force de vie de me traverser sans résistance ou est-ce que je la repousse au loin ? »

La réponse à ces questions réside dans votre ressenti : si vous vous sentez bien, cela signifie que vous recevez la force de vie. Si vous ne vous sentez pas bien, cela signifie, selon le degré de votre mal-être, que vous ne l'autorisez pas à circuler. Une dépression grave indiquera que vous ne laissez pas couler la force de vie. Un sentiment de passion signifiera que vous la laissez totalement couler en vous.

Imaginez que votre mental s'approche de votre partie divine et lui demande ceci : « Pourquoi suis-je ici ? » La partie divine en vous lui répondrait : « Tu es venu ici pour expérimenter la joie sous toutes ses formes.

– Pour faire quoi ?

– Pour expérimenter la joie sous toutes ses formes.

– Oui, mais pour faire quoi ? Je suis prêt à payer n'importe quel prix pour expérimenter la joie.

– Le seul prix à payer pour faire vibrer la joie, c'est la joie. Tu ne peux pas souffrir et faire vibrer la joie.

– Peut-être que je ne suis pas ici pour la joie. Peut-être suis-je ici pour me développer.

– Tu ne peux pas stopper l'expansion de l'Univers. Tu ne peux pas cesser de jouer un rôle dans cette expansion parce que tu es la conscience créatrice focalisée. Lorsque tu te focalises sur la variété offerte par l'Univers, de nouveaux désirs naissent en toi et la force de vie est poussée en avant et tu accomplis le but de ton âme. Si ton objectif est la joie, tout s'assemble et s'agence selon ce que tu avais prévu.

– Hum ! la joie. Le but de ma vie est-il la joie ? Suis-je ici pour me faire plaisir ? Mais, aucun bienfait ne peut découler de cela ! Ne serait-ce pas plutôt de l'envie et de l'égoïsme et tous ces modèles qu'on m'a encouragé à ne pas être ?

– Qui t'y a encouragé ? Des personnes qui pensent ceci : "Ne sers pas tes désirs, sers les miens" ? Les lois universelles sont toujours cohérentes. Si l'expansion de l'Univers est une bonne chose, ton expansion l'est aussi. Si le divin est bon, alors toi-même, en tant qu'extension divine, tu l'es.

– Tout est bien et parfait, n'est-ce pas ? La variété nous offre la possibilité de désirer, et la force de vie répond à ce désir. Lorsque nous arrivons à nos propres conclusions, que nous permettons à l'énergie de couler et que nous laissons tout le monde arriver à ses propres conclusions et permettre à l'énergie de couler, alors nous continuons à nous développer. Tout est vraiment bien ! Mais, tout de même, il doit y avoir une raison plus grande que la joie.

— Non, il n'y en a pas.

— Ne suis-je pas ici pour servir quelque chose ? N'y a-t-il pas une destination que je dois atteindre ?

— Il n'y a pas de destination. Toute vie se situe dans l'instant. Tu as un corps magnifique et une conscience incroyable. L'instant constitue ton point de focalisation, ce point puissant où tu concentres l'énergie créatrice suprême. Détends-toi et accepte la perfection de ce que tu es. Comprends que tu ne peux pas te tromper. Comprends que tout contraste t'aide, ici et maintenant, à prendre une décision sur la manière dont toi, créateur magnifique, tu voudrais laisser couler l'énergie créatrice suprême, ici et maintenant. C'est ce que tu es : un créateur magnifique ! »

De l'apprentissage à l'enseignement

Avez-vous déjà voulu changer le monde pour le meilleur, une personne à la fois, tout en vous développant et en développant vos ressources en temps, en énergie et en argent ? Comprenez-vous que lorsque l'étudiant est prêt, le professeur doit apparaître ? Savez-vous que vous pouvez ajouter de la valeur à la vie d'autrui et transmettre ce que vous savez et ce en quoi vous excellez ?

Lorsque nous voulons dépasser notre situation actuelle et accéder à mieux, souvent notre désir intense d'apprendre nous porte à faire des achats excessifs, comme le tout dernier livre ou CD, ou encore à nous inscrire à un cours à domicile ou au tout nouveau séminaire offert, en espérant que son application nous fera faire fortune aisément. Nous avons tous fait cela. Puis, nous nous rendons compte que ce n'est pas cela que nous voulons et nous revenons à notre ancienne plateforme de conscience connue.

Entrez dans l'enseignement et sortez de l'apprentissage. Ainsi, vous servirez autrui, vous apporterez de la valeur à l'Univers et vous récolterez les fruits de l'échange valeur-valeur. Vous savez intellectuellement que « l'argent » est un moyen d'échange, rien de plus, rien de moins. Il n'y a pas de manière magique de l'acquérir sans valeur. La richesse ne peut venir et ne viendra jamais avant la « valeur ».

Vous devenez riche, ou vous produisez de la valeur en vous posant les questions suivantes :

Dans quel domaine suis-je le plus doué et le plus passionné ?
_____
_____
_____

Comment puis-je utiliser cela pour résoudre un problème ou pour donner de la valeur à un groupe de personnes ?
_____
_____
_____

Outre investir de l'argent pour gagner de l'argent, la manière la plus puissante et la plus soutenue pour établir et apprécier une richesse accrue, c'est d'enseigner ce que vous savez : vos compétences de vie, vos connaissances en affaires, vos expériences personnelles, tout en soutenant et en accompagnant autrui.

Tout le monde veut savoir « comment faire » certaines choses. Que ce soit dans le domaine de la santé ou de la forme physique, des finances, des affaires, du développement personnel, des voyages, des passe-temps ou du style de vie, il y a toujours un public qui a besoin de ce que vous savez et qui désire le savoir. Soyez prêt à tout lui donner en comprenant que l'acte de donner engendrera une « réception » sans résistance. Vous ne voulez pas juste donner sans recevoir. Ni juste recevoir sans donner. Comprenez l'harmonie universelle qui découle de la respiration « don-réception ».

Nous avons tous quelque chose à partager. Nous avons tous des talents et des dons qui nous rendent experts en quelque chose. Créez une voie qui vous permettra d'enseigner ce en quoi vous êtes expert et d'aider autrui à vivre une vie sans limites.

Le but de votre âme ou le rêve de votre vie

1. **Le but de votre âme ou le rêve de votre vie naît d'un désir profond de répondre à un besoin que vous voyez, que vous ressentez ou que vous expérimentez.** Quels besoins vous font pleurer ou vous mettent en colère ?

   _____
   _____

2. **Il correspond à votre plus grande force.** Que faites-vous de manière excellente ?

   _____
   _____

3. **Il correspond à vos valeurs.** Vos valeurs servent votre grandeur. Quelles sont-elles ?

   _____
   _____

4. **Il n'a pas de sens pour les autres ou ne les motive pas nécessairement.** C'est votre but unique et authentique. Qu'est-ce qui vous motive ?

   _____
   _____

5. **Il définit la grande différence que vous voulez apporter dans la vie d'autrui.** Il vous appelle à vous élever au-dessus du médiocre, du moyen et du mondain. Il vous mène vers un désir plus élevé, un travail plus noble, un sens qui vous dépasse. Quelle différence voulez-vous apporter dans la vie d'autrui ?

_____

_____

6. **Il vous libère.** Rien ne peut vous arrêter : pas de limite d'âge, de nationalité, de dépendance à l'égard du système. À quel point vous sentiriez-vous libre si vous l'atteigniez ?

_____

_____

7. **Il vous offre une forme de récompense intérieure perpétuelle.** Chaque contraste, ou obstacle, est une étape qui vous rapproche de votre but. Vous expérimenterez un sentiment de récompense à chacun des pas. Quelle forme de récompense intérieure voudriez-vous recevoir ?

_____

_____

Développer une activité prospère à partir du but de votre âme

Votre tâche ici et maintenant consiste à avancer dans cet environnement physique à la recherche de tout ce qui correspond vibratoirement à la joie, à vous brancher ainsi à l'Énergie de la Source, puis à réaliser l'action qui vous est inspirée. Il n'y a rien que vous soyez « censé » faire. Il n'y a rien que vous « deviez » faire. Il n'y a que ce que vous vous sentez « inspiré » à faire. Comment être inspiré, si ce n'est par le contraste ? C'est l'expérience de vie qui vous donne l'idée du désir. Ensuite, en vous focalisant sur le bien-être que vous procure l'idée de votre désir, vous laissez l'Énergie circuler.

Lorsque vous visualisez un désir et que les forces infinies de l'Univers entrent en jeu pour vous aider à le créer, sachez que toutes les actions logiques que votre concierge* vous pousse à réaliser ne suffiraient pas à vous maintenir à la hauteur de votre désir. Vos actions logiques, souvent effectuées en vibrant les « je dois » ou « il faut », vous maintiennent éloigné de la vibration élevée de votre désir réalisé. Dès lors, continuez à visualiser votre vision. Continuez à l'imaginer de mieux en mieux. Laissez l'Univers et ses agents exécuter de « grandes actions divines universelles », et laissez-vous inspirer à agir éventuellement.

Si vous devez faire quelque chose, résistez à la tentation de vous forcer à le faire sous la contrainte. Demandez-vous plutôt quelle serait la pire des choses qui puisse vous arriver si vous ne faisiez pas cela. Si vous pouvez vous en sortir sans le faire, ne le faites pas ! Ensuite, imaginez ce que vous ressentiriez après avoir réalisé cet acte. Passez un jour ou deux, quinze minutes ici, cinq minutes là, à l'imaginer réalisé d'une manière qui vous plaît ! La prochaine fois que vous déciderez d'agir relativement à cette tâche, l'action sera beaucoup plus facile à réaliser. Prenez le temps d'harmoniser d'abord l'Énergie, et l'action deviendra sans importance. Si vous n'avez pas le temps d'harmoniser l'Énergie, si vous n'arrivez pas à accéder à l'émotion élevée que vous recherchez, aucune action logique au monde n'apportera de différence.

---

* Rôle joué par le mental. Il est le gardien de notre temple intérieur, celui qui maintient l'ordre en nous-mêmes et dans notre vie, qui veille sur nous. Il est important toutefois qu'il ne prenne pas trop de place afin de laisser notre partie divine, notre intuition, jouer son rôle de guide. Le concierge n'est pas notre guide, mais uniquement un garde-fou.

Voulez-vous être un créateur linéaire ou un créateur holographique ?

Pour le créateur linéaire, la création et la réception des désirs découlent de l'action. Il établit une liste linéaire de désirs, traite chaque désir un à un et réalise une chose à la fois. Le créateur holographique, lui, comprend que la création et la réception des désirs découlent de son alignement sur la joie de la source. Il inspire constamment des désirs, cultive une vibration de bien-être et reçoit la manifestation simultanée de tous ses désirs.

L'approche basée sur l'action est adoptée par le créateur linéaire qui entretient la croyance suivante : « Je n'ai que 24 heures dans ma journée, donc je ne peux accomplir plus que ce que je suis capable de gérer physiquement. »

⇨ Sortez de l'action forcée. Comprenez que vos fusées de désir et l'Énergie qu'elles produisent sont bien plus puissantes que n'importe quelle action logique que vous puissiez faire. Votre seule tâche consiste à faire vibrer le bien-être et à recevoir ainsi vos désirs réalisés.

Alors, seulement, comprendrez-vous que vous pouvez réaliser simultanément des centaines, voire des milliers de choses parce qu'il ne faut pas beaucoup de temps pour centrer votre attention. Il est important toutefois de vous focaliser de manière pure. Tant que vous évaluez votre parcours et que vous observez que ce que vous avez demandé n'est pas là, vous vous maintenez en désaccord vibratoire avec votre désir. Trouvez le moyen d'entretenir une pensée pure à propos de tous vos désirs en même temps.

Voyez la loi d'attraction comme un grand tamis. La loi d'attraction trie tout. Ce n'est pas à vous de le faire. Votre seule tâche consiste à dire : « Cher Univers, je désire ceci et cela. Merci de m'amener les êtres, de m'apporter les pensées, les circonstances et les événements qui y correspondent vibratoirement. » L'Univers vous amènera les personnes qui correspondent vibratoirement à vos désirs. La loi d'attraction arrangera tout pour vous.

⇨ Dites constamment : « Je veux cela. Je veux cela. Je veux cela. » Dites-le sans prêter attention à ce que vous ne voulez pas. Soyez un visionnaire en totale correspondance vibratoire avec sa vision.

De la motivation à l'action inspirée

Par les temps qui courent, chacun de nous comprend l'importance du changement social et économique qui se produit dans le monde. Dans le passé, tout changement dans les affaires et la vie sociale se produisait petit à petit. L'homme avait le temps de s'y adapter. Aujourd'hui, le changement est la règle et vous voulez développer une attitude de souplesse et de paix pour réussir à faire vibrer l'harmonie.

Jamais plus vous ne pourrez vous rendre à votre travail sur le pilote automatique, tout à fait à l'aise et rassuré de savoir que l'entreprise, l'État ou le gouvernement s'occuperont de vous. Vous voulez vous responsabiliser par rapport à vos succès et à vos expériences. Vous voulez devenir étudiant et *leader* perpétuels pour progresser. Vous voulez être un « facilitateur » de la connaissance.

Pour jouer à un jeu qui vous est agréable et porteur, « donnez plus en valeur d'usage que vous ne recevez en valeur d'achat », selon la théorie énoncée par Wallace D. Wattles. Telles sont les mesures que vous voulez adopter pour vous sentir accompli dans votre vie personnelle et professionnelle.

Voici quelques astuces que je vous invite à maîtriser pour vous placer en tant que maître du changement en ce siècle de changement rapide que nous cocréons continuellement tous ensemble.

Considérez-vous comme un indépendant, et jouez en équipe

Vous êtes le PDG de votre futur. Considérez-vous comme une entreprise de services dont vous êtes le seul employé. Vous êtes une petite organisation qui offre ses services à une plus grande : la société universelle du bien-être et de la joie.

Autorisez-vous à constamment avancer en direction de ce qui vous passionne en vous posant les questions suivantes :

Dans quel domaine de ma vie et de mon activité gagnerais-je à me sentir mieux ?

_____

_____

Quelle direction aimerais-je donner à mon activité et à ma vie ?

_____

_____

Quelles informations nouvelles aimerais-je obtenir ?

_____

_____

Quelles connaissances aimerais-je développer ?

_____

_____

Vous êtes une microsociété. Installez un « service de la formation » dans votre esprit et assurez-vous que votre meilleur employé (vous !) mette continuellement ses compétences à jour. Vous êtes le PDG de votre vie quotidienne et c'est à vous de fixer vos buts et d'y allouer des ressources. Il n'y a pas si longtemps, seul l'entrepreneur indépendant devait se responsabiliser concernant son futur. Cette attitude est devenue cruciale pour tous aujourd'hui, car les employés ne poursuivent plus une seule carrière. La plupart en connaîtront plusieurs dans leur vie. Alors, considérez-vous dès maintenant comme un entrepreneur indépendant et jouez en équipe.

Soyez souple quant aux surprises quotidiennes

Nous réagissons la plupart du temps aux contrastes quotidiens en blâmant les autres. Nous attendons des solutions des entreprises ou du gouvernement. Nous croyons avoir droit à des privilèges sans aucune responsabilité. Apprenons à être souples quant aux surprises quotidiennes.

⇨ Visons le moment où nous pourrons nous dire : « Je ne me suis plus fâché depuis dix ans. Pendant ce temps, personne n'a essayé de me nuire physiquement, à moi ou à mes proches. J'ai appris à m'adapter au stress de la vie et à réserver ma peur ou ma colère à des situations rarissimes. Je m'énerve rarement, voire jamais, devant les propos ou les comportements des autres, même s'ils me gênent. J'ai appris à ne pas me préoccuper des petites choses. »

⇨ Adoptons la prière de la sérénité : « Accorde-moi la sérénité d'accepter les choses que je ne peux changer, le courage de changer les choses que je peux changer et la sagesse de faire la différence entre les deux. » Ce sont des mots simples et profonds qu'il faut adopter.

Sachez clairement quel est le but de votre vie et de votre activité

Vous réveillez-vous parfois le matin en pensant ceci : « Je n'ai pas envie de sortir de mon lit » ? Avez-vous parfois envie d'abandonner votre travail au beau milieu de l'après-midi ? Bien sûr que si ! Nous vivons tous cela ! La grande question à vous poser est la suivante : « Comment développer en moi l'inspiration continue qui me permet d'avancer ? » Connaître le but de votre âme avec clarté est le seul moyen d'inspirer un cœur démotivé. Lorsque vous constatez que vous vous dispersez, revenez vers ce but suprême. S'il est clair et puissant, votre moteur redémarrera au quart de tour.

⇨ Prenez le temps de définir le but de votre âme. Notez-le en quelques phrases pour pouvoir vous le rappeler chaque fois que vous aurez envie de tout abandonner ou de vous laisser aller. Clarifiez-le autant que possible. Chaque fois que vous vous sentez démotivé, affinez et redéfinissez le but de votre vie. Le but de ma vie est le suivant :

_____
_____
_____
_____
_____

Donnez le meilleur de vous-même en toute occasion

> *« Agissez toujours comme si un roi vous observait ou comme si cela risquait de transformer la vie d'autrui. »*
> —Chris Widener

Il m'arrive souvent, longtemps après un discours ou un atelier, qu'une personne me joigne pour me dire qu'un mot ou une phrase en particulier l'a aidée à faire un énorme bond en avant concernant sa compréhension et sa maîtrise de la vie.

Vous ne savez jamais quelle différence vous apportez dans la vie des autres. Donnez le meilleur de vous-même chaque fois !

Avez-vous l'habitude de vous contenter de peu ? Ne le faites plus ! Les gens vous regardent et se sentent inspirés par vous, sans que vous le sachiez. Donnez-leur tout ce que vous pouvez leur donner parce que vous « risquez » toujours d'inspirer quelqu'un.

Appliquez toutes ces petites astuces au jour le jour et vous vivrez une vie accomplie !

CHAPITRE 2

AVOIR LE FEU SACRÉ

> « Avant de pouvoir dire à ma vie ce que je veux en faire,
> je dois écouter ma vie me dire qui je suis. »
> —Parker Palmer

La loi d'attraction est universelle, tout comme la loi de la gravité et, comme cette dernière, elle fonctionne en tout temps. Vous pouvez la contrôler dès lors que vous en connaissez la formule. La loi d'attraction dépend de votre état d'esprit. Vous avez certainement déjà vécu l'expérience d'obtenir, ou pas, ce que vous désirez. Vous comprenez maintenant que cela ne dépend pas du dur labeur de vos journées ni de la qualité des conseils reçus de vos parents.

La loi d'attraction est une loi de l'Énergie. L'Énergie dépend de votre état d'esprit parce que votre vibration personnelle est définie par votre état d'esprit et non par votre travail, votre beauté ou votre éducation. Si vous adoptez l'état d'esprit d'une personne riche, votre richesse correspondra à cet état d'esprit. Si vous vous accrochez (souvent inconsciemment) à l'état d'esprit d'une personne qui croit en sa petitesse, peu importe l'éducation que vous avez reçue ou combien d'amis vous avez, vous demeurerez petit jusqu'à ce que vous changiez d'état d'esprit.

Comment transformer ma fréquence vibratoire ?

(Croyances + vision) / passion = manifestation

ou

(Croyances / passion) + (vision / passion) = manifestation

Votre fréquence vibratoire est déterminée par vos croyances cumulées avec votre vision. Croyances et vision sont synchronisées par votre passion pour permettre la manifestation.

Pour transformer votre fréquence vibratoire, choisissez soit de changer vos croyances soit de développer votre passion, ou mieux encore, les deux.

Comment transformer les croyances ?

Nous sommes tous nés dans cette vie spatiotemporelle avec un ensemble de croyances porteuses (d'expansion) et de croyances non porteuses (de limitation) de notre entourage. Dès la grossesse, nos parents, nos frères et nos sœurs, nos connaissances et nos voisins bien intentionnés contribuèrent à modeler notre propre ensemble en y ajoutant des croyances non porteuses que nous avons entretenues et donc renforcées, d'année en année.

Lorsque nous développons de nouvelles compétences, nous modifions peu à peu ces croyances héritées. C'est ainsi que la plupart des personnes élèvent leur vibration. D'où l'intérêt des livres, des ateliers, des thérapies ou du *coaching*. Nos croyances peuvent passer de « je ne pourrai jamais faire cela ! » à « oui, je le peux ! ». Ce changement peut se faire également au contact d'un groupe d'amis ou de personnes ayant déjà réalisé ce travail de transformation intérieure.

Une croyance peut également être modifiée en utilisant l'hypnose, l'*Emotional Freedom Technique* (EFT) ou un générateur d'ondes cérébrales sur fond d'affirmations. Toutes sortes de techniques existent pour modifier aisément une croyance limitée et non porteuse.

À mon sens, toutefois, le moyen le plus rapide et le plus efficace pour transformer vos croyances réside dans l'installation d'une vibration dominante de bien-être. Remontez sur l'échelle des émotions chaque fois que vous vous sentez mal, en cultivant des pensées de mieux-être, jusqu'à retrouver un sentiment de soulagement de plus en plus continu. Cette nouvelle fréquence élevée que vous installez ainsi en vous, jour après jour, minute après minute, « dissout » toutes les fréquences qui lui sont inférieures. Les croyances qui ne sont plus porteuses pour vous disparaissent de votre aura, donc de votre expérience de vie.

Comment développer mon feu sacré ?

Vous pouvez aisément déceler ou « entendre » vos croyances non porteuses lorsque vous énoncez ou notez vos désirs. Votre feu, lui, est déterminé par votre proximité vibratoire avec votre rêve ou le but de votre âme.

Savez-vous que vous pouvez développer un sentiment de passion pour n'importe quelle activité ? Apportez quelques ajustements aux activités auxquelles vous vous livrez chaque jour et vous vibrerez la passion chaque fois que vous les effectuerez. Que vous soyez en train de faire du sport, de travailler, d'étudier, de faire vos tâches ménagères, n'importe quelle activité peut vous enthousiasmer et vous en arriverez à aimer n'importe quelle tâche. Vous vibrerez « haut » de plus en plus souvent tout au long de vos journées et vous clarifierez votre désir suprême, et ce, au point de découvrir le but que votre âme a choisi d'accomplir dans cette vie.

Comment développer ma passion dans tout ce que je fais ?

1) **Soyez authentique et créatif.** Par exemple, vous pouvez élaborer une nouvelle manière de faire la cuisine, créer un « style » très personnel dans vos tâches journalières ou choisir un nouveau trajet pour vous rendre à votre travail. Vous exprimerez ainsi votre individualité et ferez place à la nouveauté.

2) **Soyez curieux.** Laissez aller vos idées et vos conceptions limitées actuelles et partez de votre point de vue actuel en y injectant tout doucement votre vision novatrice. Vous développerez votre intérêt.

3) **Soyez doux avec vous-même.** Appréciez votre rythme. Ne vous souciez pas des résultats et expérimentez ce nouveau fonctionnement tout en améliorant vos talents. Chaque fois que votre concierge vous met sous pression, prenez une profonde respiration et ralentissez.

4) **Vous avez des talents. Utilisez-les pour développer votre passion dans toute activité.** Servez-vous de vos compétences existantes pour ajouter de l'élan à n'importe quelle activité. Par exemple, êtes-vous artiste dans l'âme ? Dans ce cas, vous pourriez utiliser vos goûts artistiques pour peindre des tableaux qui vous aident à étudier.

Faire ce que nous aimons est absolument nécessaire si nous voulons être heureux. La plupart des gens sont trop occupés à vivre une vie stressante pour avoir le temps de penser au bonheur et à l'accomplissement. Nous avons trop à faire : aller chercher les enfants à l'école, cuisiner le repas, préparer les boîtes à lunch, arriver au travail à temps, nous plier aux caprices de nos supérieurs, alors que le temps file. Qui a le temps de penser à ce qui le rend heureux ou à ce qui le passionne ?

Vivre une vie passionnée est possible

Imaginez ceci à la place : vous vous levez tôt, vous sautez du lit tout excité d'aller travailler. Vous aimez être dans votre bureau et rien ne vous semble trop difficile. Vous ne voyez pas le temps passer. Vous êtes dans le « flux ». Vous perdez toute trace du monde et du temps en vous plongeant dans la tâche du moment. Votre travail n'est pas une corvée, mais une activité amusante, incroyablement intéressante et passionnante. Ce n'est pas un « emploi », c'est une passion.

La passion est le cœur de l'âme. Trouver votre passion signifie vous lier à la partie divine en vous et y sentir l'Énergie qui peut transformer votre vie. La passion est le carburant qui soutient l'action inspirée. L'action soutient les résultats et la vibration produit le résultat. Votre passion est l'activité qui vous motive à sortir de votre lit le matin en criant : « Je suis vivant, je le sens ! », même si vous effrayez les membres de votre famille ou quiconque vous entend.

Comment arriver à cet état de flux énergisé et passionné ? Comment découvrir votre passion et l'apporter dans votre vie ? Pour répondre à ces questions, vous voulez vous tourner vers l'intérieur, mais d'abord, une petite histoire…

Un adepte passionné demanda un jour à Bruce Lee de lui enseigner tout ce qu'il savait sur les arts martiaux. Bruce Lee souleva deux tasses remplies d'eau en disant ceci : « La première tasse représente toutes vos connaissances concernant les arts martiaux, et la deuxième, toute ma connaissance concernant les arts martiaux. Si vous voulez remplir votre tasse de ma connaissance, vous devez d'abord la vider de vos connaissances. » De même, si vous voulez découvrir votre véritable passion dans la vie, vous devez d'abord vider votre esprit de toutes les notions préconçues qu'il abrite.

Posez-vous les questions suivantes : « Qu'est-ce qui me fait sourire ? Est-ce une certaine personne ou m'adonner à mon passe-temps préféré, planifier mes vacances, aider les autres, construire un empire ou laisser un héritage ? »

_____
_____
_____

Réfléchissez bien à ces questions, puisque ce qui vous rend vraiment heureux éclaire votre âme et indique votre passion. Que trouvez-vous facile de faire ou pour quelle tâche montrez-vous un talent particulier ? Y a-t-il une activité que vous faites aisément et facilement parce que vous aimez l'effectuer ?

_____
_____
_____

Qu'est-ce qui suscite votre créativité ? Est-ce d'être dans votre jardin, de partager une discussion stimulante ?

_____
_____
_____

Que feriez-vous gratuitement ? Répondre à cette question, c'est trouver le but de votre âme puisqu'aimer quelque chose au point de vous y consacrer sans autre considération que votre seul plaisir, indique une passion.

_____
_____
_____

Quel sujet domine votre conversation ? Y a-t-il un sujet autour duquel vous gravitez continuellement ? Si oui, votre incapacité à le laisser de côté peut venir de la passion que vous en retirez.

_____
_____
_____

Que regretteriez-vous de ne pas avoir essayé ? Si vous ne pouviez faire, être ou avoir qu'une seule chose dans votre vie avant de mourir, quelle serait-elle ?

_____
_____
_____

Quels indices cachés votre maison recèle-t-elle ? Parcourez votre maison à la manière d'un détective. Quels indices de vos passions découvrez-vous ? Des souvenirs d'Afrique ? Que révèlent les photos ou les images sur les murs ? Un amour intense pour votre famille ou vos amis ? Qu'en est-il des livres ou des magazines sur les étagères ? Si vous ne connaissiez pas le propriétaire de cette maison, que devineriez-vous sur sa passion ?

_____
_____
_____

Si vous ne trouvez pas de réponses à l'une ou l'autre de ces questions, demandez à vos amis et à votre famille de vous donner des idées. Vous seriez étonné de leurs réponses. Souvent, nos proches peuvent percevoir des forces et des passions que nous sommes incapables de voir. Ouvrez-vous à ce qu'ils vous partagent.

Si après vous être posé beaucoup de questions et avoir écouté la réponse de votre âme vous n'arrivez toujours pas à trouver le but de votre âme, il est temps de faire éclater le moule. Peut-être que, dans ce cas, vous n'avez pas encore découvert votre passion.

Inscrivez-vous à un cours, assistez à une conférence ou à une lecture de poèmes, choisissez un nouveau passe-temps ou un nouveau sport à exercer. Tout ce qui vous fait sortir de votre zone de confort vous aidera à découvrir de nouveaux goûts et de nouvelles préférences et contribuera à clarifier davantage le but de votre âme.

La méditation est une excellente manière de joindre la partie divine en vous, ce qui vous fournira l'élan et la détermination nécessaires pour poursuivre votre développement personnel. C'est une très belle manière de calmer votre esprit et d'étouffer momentanément tous les bruits du monde et de votre vie en vous permettant d'entendre mieux ce que votre âme a à vous dire. Les yeux de votre âme vous ouvrent à votre plus grand trésor : la Source en vous. Explorez ce trésor, soyez encore plus heureux et développez l'harmonie en vous.

Dès que vous détenez une liste de vos passions, il est assez facile de la réduire et de conserver les cinq passions les plus importantes pour vous. Commencez par le numéro un sur votre liste et comparez-le au numéro deux. Posez-vous la question suivante : « Si je pouvais seulement avoir, faire ou être l'un de ces deux points dans ma vie, lequel serait-ce ? » La réponse détermine votre nouveau numéro un, que vous comparez au prochain point sur votre liste. Procédez ainsi jusqu'à ce que vos cinq réponses prioritaires soient établies. Concentrez-vous sur ces cinq points et laissez-vous inspirer le moyen de les intégrer davantage dans vos journées.

La passion reflète le désir qu'a votre âme d'exprimer sa joie. Pour allumer votre feu intérieur ou votre passion et vibrer la joie de votre âme, veillez à unir vos valeurs et le but de votre âme. Prenez un moment pour penser à vos valeurs et notez celles qui sont vraiment importantes pour vous. Notez également tous les aspects du but de votre âme dans cette vie. Constatez comme tout cela s'entremêle et explorez de nouvelles manières de les combiner.

Par exemple, si l'expression de vous et la créativité sont deux de vos valeurs, et qu'inspirer autrui est un but important pour vous, écrire un livre pourrait vous permettre d'allumer votre feu intérieur.

Votre but dans la vie est d'utiliser vos dons et vos talents uniques pour vibrer la joie et apporter une contribution au monde. Suivez votre passion, faites ce que vous aimez, utilisez vos forces ! Vous vivrez non seulement une vie passionnante, mais vous introduirez aussi plus de joie et de bonheur dans votre vie et dans la vie de ceux qui vous entourent.

Ayez le feu sacré !

CHAPITRE 3

VIBRER L'ABONDANCE INFINIE POUR RÉUSSIR SA VIE

Lorsque vous choisissez autre chose que ce qui est réellement important pour vous, vous faites ce choix parce que vous vous accrochez à une fausse croyance, à un concept erroné ou à une idée fausse.

L'automne étale toutes les couleurs de sa palette et je trouve merveilleux de pouvoir admirer ce que la nature a à nous offrir. Cette abondance de couleurs, cette abondance de formes, cette abondance de changements aussi. Tout cela pour notre plaisir suprême. Comme vous le savez, selon la loi d'attraction, l'abondance est l'Énergie et l'Énergie existe dans tous les domaines de notre vie et dans toutes les sphères de tous les univers qui existent. Les lois spirituelles de l'abondance sont les principes universels de l'Énergie :

- *Le principe du flux et du reflux*

Il s'agit du fait qu'il y ait un flux constant d'entrées et de sorties d'abondance dans votre expérience de vie.

- *Le principe de la pensée illimitée*
Comme nous sommes issus de la substance de l'Univers, nous sommes des êtres illimités. Nous pouvons créer tout ce que nous désirons puisque nos pensées sont illimitées.

- *Le principe du don et de la réception*
C'est le flux harmonieux entre le fait de donner et le fait de recevoir. En donnant, nous recevons ce que nous donnons. Si nous désirons recevoir davantage d'argent, donnons davantage d'argent. Il en va de même si nous désirons bénéficier de plus de temps : donnons davantage de notre temps aux autres ou au monde.

- *Le principe de l'appréciation*
Cet Univers repose sur l'énergie vibratoire de l'appréciation, puisque plus nous apprécions, plus nous nous aimons, plus nous aimons l'Univers, plus nous aimons tout ce qui nous entoure et tout ce que nous expérimentons. Dès lors, nous nous élevons sur l'échelle des émotions et nous pouvons recueillir toutes les fusées de désirs que nous avons lancées. Imaginez que, chaque fois que vous vibrez l'appréciation, vous ouvrez réellement les bras à tous les cadeaux de la vie que sont les formes prises par tous vos désirs lancés.

- *Le principe de l'estime personnelle*
Plus vous vous estimez, plus vous vous appréciez et plus vous élevez votre taux vibratoire. Dès lors, vous vous ouvrez davantage à l'abondance puisque l'abondance se situe au niveau supérieur de l'échelle des émotions : celui de l'amour, de l'appréciation et de l'estime personnelle.

- *Le principe de la vibration*
Nous vivons dans un Univers vibratoire avant tout. Lorsque nous reconnaissons notre pouvoir de création et que nous adaptons notre vibration sur le plan du désir que nous voulons réaliser, nous nous ouvrons à la réception de l'abondance.

L'abondance, ce n'est pas seulement posséder des biens matériels, mais surtout posséder des biens qui nous satisfont. Il ne s'agit pas de demander tout et n'importe quoi juste pour faire comme les autres ou pour se prouver quelque chose à soi-même. Il est important de savoir ce que nous désirons et de tout faire, ou plutôt de tout être, pour le recevoir. L'argent est une forme d'abondance puisqu'il joue encore un rôle important dans notre vie matérielle, terrestre et physique. C'est un outil qui nous permettra de réaliser certains de nos rêves et d'attirer l'abondance de bien-être et de vitalité que nous recherchons.

La seule chose que nous venons apprendre ici sur cette terre, c'est d'être plus habile dans l'art de créer et de manifester ce que nous voulons vivre et expérimenter dans nos aventures terrestres. Apprenons à choisir consciemment ce que nous voulons réaliser, puis à l'attirer à nous. Une fois que nous saurons faire cela régulièrement, légèrement et joyeusement, notre vie sera un long fleuve tranquille. Les situations et les objets apparaîtront dans notre existence au moment même où nous en aurons besoin. C'est cela, le flux. C'est cela, la manifestation délibérée. C'est cela, avoir accès à l'abondance infinie.

Comment recevoir l'abondance ?

Reconnaissez d'abord que vous êtes une personne magnifique, aux pouvoirs immenses, et que vous pouvez apprendre à utiliser l'Énergie pour puiser dans l'abondance sans limites de l'Univers. Vous élèverez ainsi le niveau d'estime et d'amour de vous-même et cela vous ouvrira davantage à tous les possibles. Acceptez aussi l'idée que vous pouvez attirer de l'argent sans effort, que ce gain résultera naturellement de votre façon de vivre, de penser et d'agir. Plus vous vibrez la ligne de pensée et d'action basée sur la création délibérée et consciente, en entretenant des pensées très claires sur ce que vous voulez attirer plutôt que sur ce que vous ne voulez pas, plus vous jouerez à ce jeu dans le flux et plus ce mode de vie vous sera tellement naturel qu'il attirera « naturellement » de l'argent en abondance et sans effort.

Vous pouvez attirer à vous tout ce que vous souhaitez et vous pouvez réaliser vos désirs les plus chers. Soyez-en de plus en plus convaincu et reconnaissez que vous êtes la source de votre abondance et de votre argent. Vous êtes la Source de toute abondance. Pas besoin de la chercher ou d'y puiser : vous êtes la Source.

En agissant sur vos sentiments, sur vos pensées et sur vos intentions, vous pouvez acquérir la maîtrise du processus de création de vos désirs. Devenez un expert en création de désirs. C'est en vous que réside la Source de toutes vos richesses, et non pas dans votre emploi, dans vos investissements, dans votre conjoint, dans vos parents, dans un héritage ou dans quoi que ce soit d'extérieur à vous. La Source de toutes vos richesses innombrables se trouve en vous. Étant donné que nous avons tous quelque peu oublié que nous étions la Source, nous pouvons procéder de différentes façons pour redevenir cette source d'abondance :

- Reliez-vous à l'abondance sans limites de la partie divine en vous. Réaffirmez chaque jour que vous êtes un être divin doté de capacités illimitées et donc d'abondance illimitée.

- Ouvrez le canal qui vous lie à la Source de toute abondance en vous focalisant sur tout ce qui vous apporte de la joie et du bien-être ou agissez dans ce sens par la méditation, la visualisation, une promenade, l'écriture, la cuisine, toutes ces activités passives ou actives qui vous apportent une forme de bien-être.

Vous pouvez aussi faire rayonner vos qualités supérieures de paix intérieure, de joie, d'amour, de bien-être et de vitalité. Règle générale, cela découle naturellement des deux étapes précédentes.

Voici d'autres petites astuces que vous pouvez utiliser tous les jours pour jouer à redevenir la Source de toute abondance. Vous pourriez vous dire tous les matins (adaptez cette phrase à votre propre ressenti) : « Chaque jour, je suis de plus en plus riche et j'ai toujours bien assez d'argent pour faire tout ce qui me plaît. » C'est une phrase que j'utilise très souvent et qui fonctionne très bien lorsque je vais faire mes courses. J'utilise aussi : « J'ai toujours bien assez d'argent dans mon portemonnaie pour pouvoir payer toutes mes courses » ou « j'ai toujours bien assez d'argent dans mes comptes bancaires pour pouvoir payer toutes mes factures ».

Autre outil : vous pouvez jouer au riche en allant vous promener dans les quartiers où vous vous sentez riche, vous rendre dans des magasins chic, faire du lèche-vitrine dans des rues chic. Ce faisant, beaucoup plus d'argent affluera dans votre vie puisque vous vous laissez imprégner de ces vibrations de richesse. Vous faites « comme si », dès lors vous devenez « comme si » : riche et abondant.

Voici un autre outil très puissant : vous sentir heureux ici et maintenant. C'est le moyen le plus rapide d'attirer de l'argent dans votre vie. Décidez dès maintenant d'atteindre la paix absolue de votre esprit. Ressentez une profonde appréciation pour tout ce que vous avez et pour votre lien à la Source de toute abondance.

L'outil suivant vous invite à prendre la décision de vous dire chaque jour en voyant quelque chose que vous aimez dans un catalogue ou dans une vitrine : « J'ai les moyens de l'acheter. » Trop de personnes se disent continuellement : « J'aimerais tant m'acheter ceci, mais je ne peux pas me l'offrir » ou « je n'ai même pas les moyens de m'offrir ce que j'aime ». Faites le contraire. Chaque fois que vous voyez quelque chose qui vous plaît, changez votre ligne de pensée, pivotez et dites-vous : « J'ai les moyens de me l'offrir. » Vous vous sentirez mieux par rapport à l'argent et vous lancerez à l'Univers un tout nouveau message, celui de l'abondance. Dès lors, vous attirerez plus d'abondance.

Pour vous aider, faites en sorte d'avoir un billet de dix, vingt, cinquante ou cent dollars en poche et chaque fois que vous voyez quelque chose qui vous plaît, touchez votre poche ou sortez votre billet en pensant : « J'ai les moyens de l'acheter. Si l'achat de cet objet était beaucoup plus important que mon ressenti constant de bien-être et d'abondance, je me l'offrirais. »

Un autre moyen d'atteindre l'abondance, c'est de donner de l'argent à quelqu'un pour pouvoir en attirer davantage dans votre vie. Le message que vous envoyez ainsi à l'Univers est : « Je vis dans l'aisance. » Vous pouvez également visualiser l'arrivée de chèques dans votre boîte aux lettres. C'est ce que le film *Le secret* proposait et cela fonctionne très bien aussi. J'ai utilisé ce procédé juste après avoir vu le film à sa sortie en anglais. Comme j'entretenais la pensée qu'en Belgique, les chèques n'existant plus, je ne pourrais pas les attirer, je me suis dit qu'ils pouvaient très bien venir de n'importe quel endroit du monde et j'ai visualisé que j'en recevais un. Le lendemain matin, ma boîte aux lettres contenait un chèque d'une somme très intéressante venant du Canada, comme pour venir me confirmer que, non seulement je pouvais recevoir des chèques de n'importe où dans le monde, mais que ce chèque pouvait aussi m'apporter une réelle abondance.

Jouez avec tous ces outils pratiques que n'importe quel enfant aime utiliser pour « faire comme si ». Redevenez l'enfant intérieur qui est en vous. Votre âme cherche toujours à manifester vos capacités et à réaliser pleinement votre potentiel. Votre âme est toujours reliée à la Source de tous les possibles. Dès lors, elle vous mènera toujours vers la manifestation de votre plein potentiel. Elle vous inspirera à vivre une existence de joie, d'amour et d'expression créative d'elle-même. Elle vous inspirera à vivre une existence pleine d'activités agréables et d'estime de vous-même. Votre âme vous mènera toujours vers la plénitude. Si vous écoutez ces messages, vous connaîtrez cette plénitude un peu chaque jour, et de plus en plus au fil des jours, car « plus cela va, mieux cela va », n'est-ce pas ?

Si vous pensez que plus d'argent vous apportera la paix intérieure, c'est que votre moyen d'attirer davantage d'argent consiste à acquérir cette paix intérieure. Ce que vous recherchez à travers l'abondance d'argent, vous voulez le développer dans l'instant pour attirer l'argent plus facilement. L'argent n'est qu'un outil qui vous permet de vibrer le plaisir suprême de recevoir un désir réalisé. Plutôt que d'attendre d'avoir l'argent que vous croyez nécessaire pour atteindre ce plaisir, ressentez-le immédiatement en vous adonnant à des activités qui vous font du bien, car lorsque vous ressentez le plaisir suprême, vous ouvrez toutes les portes de tous les canaux d'abondance possibles et inimaginables. L'Univers a en réserve des canaux d'abondance totalement imprévisibles pour vous.

Ce que vous pensez que l'argent vous apportera – la liberté, la paix de l'esprit, l'estime personnelle, la sécurité – est ce que vous voulez cultiver pour mieux l'attirer. À une certaine période de ma vie, avoir beaucoup d'argent signifiait pour moi connaître enfin la sécurité financière. Et je me suis posé la question : « Comment faire pour atteindre cette sécurité financière maintenant, comment faire pour la ressentir ici et maintenant et réussir à l'attirer beaucoup mieux ? » Je me suis dit : « À partir du moment où j'arriverai à m'adonner plus souvent à ce qui me passionne ou me fait plaisir, je suis certaine que ma vibration s'élèvera et que de nombreux canaux d'abondance s'ouvriront. » Ce faisant, je me suis très vite rendu compte que je n'avais plus besoin de sécurité financière, étant donné que tous mes canaux d'abondance connus se sont ouverts et que des canaux nouveaux inattendus s'ouvraient chaque jour.

Ma sécurité financière m'est assurée par ma connexion à ma passion, par ma connexion à l'abondance infinie de l'Univers, par ma connexion à la certitude intérieure que l'Univers m'offre toujours l'argent nécessaire au moment où j'en ai besoin. J'ai ainsi pu développer une telle sécurité intérieure que je ne dépends plus des soutiens de sécurité extérieure.

Considérez l'argent et les biens matériels non pas comme des moyens ou des créations qui vous permettront de combler un manque, parce que dans ce cas vous vibrez le manque et vous ne pouvez attirer que le manque, mais bien comme des outils qui vous permettront d'exprimer plus pleinement votre potentiel. Vous voulez vous focaliser sur le potentiel que vous voulez exprimer, sur les hautes qualités que vous voulez pouvoir partager avec le monde. Rien ne vous empêche de commencer immédiatement à satisfaire vos besoins et vos valeurs.

N'oubliez pas que si vous recherchez la perfection, vous ne l'atteindrez jamais. La perfection n'existe pas ou elle n'existe qu'à un instant donné. Dès la seconde qui suit, une autre forme de perfection peut s'installer. Dès lors, partez de là où vous êtes et, comme le disent les Américains, *just do it!* (« faites-le ! »). Lancez-vous ! L'essence de tout ce qui peut contribuer à votre bien-être est à votre portée dès maintenant. Vous voulez attirer ce bien-être, vous voulez participer à ce bien-être dans le monde entier et certainement dans votre sphère personnelle. Lancez-vous dès maintenant. Cette essence est à votre portée. Vous pouvez obtenir immédiatement tout ce qui peut servir à votre bien-être. L'Univers est là pour vous apporter tout ce qu'il vous faut pour atteindre votre bien-être.

Demandez-vous ce que vous attendez de l'argent et voyez comment en obtenir l'essence ici et maintenant. Par exemple, si vous voulez attirer plus d'argent pour vous simplifier la vie, cultivez dès maintenant des qualités de paix intérieure ou de silence intérieur qui rendent la vie plus simple. Si le fait d'avoir plus d'argent est lié à l'idée de vous débarrasser de tout ce qui ne vous plaît plus dans votre vie, développez l'estime et le respect de vous-même. Continuer à vivre dans un environnement contenant des personnes ou des conditions de vie qui ne vous plaisent plus, c'est cultiver une mauvaise estime et ne pas vous respecter. Si vous voulez attirer l'argent pour bénéficier de plus de sécurité, développez votre courage et votre confiance en votre guide intérieur, puisque, comme je l'ai expliqué dans l'exemple plus haut, votre confiance en votre guide intérieur vous mènera vers des canaux d'abondance qui s'ouvriront une fois que vous lui ferez confiance et une fois que vous aurez développé le courage d'ouvrir ces canaux et de réussir, alors seulement pourrez-vous ressentir et expérimenter la sécurité financière infinie. Si vous pensez qu'avoir beaucoup d'argent vous permettra de développer une plus grande personnalité, commencez ici et maintenant à développer votre paix et votre lumière intérieures et à vous diriger vers la lumière de votre âme :

⇨ Que pourriez-vous faire immédiatement pour développer la valeur ou la qualité d'abondance que vous voulez attirer à travers l'argent ? Quelle qualité pourriez-vous développer pour vous sentir plus riche, plus en sécurité, plus grand ou plus simple dans votre vie ? Trouvez le moyen de développer ces valeurs et ces qualités tout de suite, car lorsque vous exprimez les qualités supérieures qui, d'après vous, doivent accompagner l'argent, vous rayonnez ces qualités dans l'Univers, à travers vos paroles, vos actes et votre être tout entier. Ces qualités supérieures deviennent votre vibration dominante. Vous devenez un aimant pour l'argent et pour les biens qui expriment matériellement votre nouveau niveau de conscience. En devenant un aimant, vous aimantez tous les éléments susceptibles de vous aider à exprimer le nouveau niveau de développement que vous avez atteint. Ce faisant, vous attirez des choses souvent meilleures que celles que vous désiriez.

Il est conseillé de garder une certaine souplesse par rapport à ce que vous demandez parce que l'Univers vous apportera beaucoup mieux que ce que vous demandez. Dès que vous demeurez à un niveau vibratoire supérieur, constant et dominant, tout autour de vous s'adapte à ce que vous êtes devenu. Votre niveau vibratoire s'est élevé et votre environnement s'y adapte.

Si vos besoins intérieurs ne sont pas satisfaits dans l'instant, aucune somme d'argent ne vous paraîtra jamais suffisante pour les satisfaire. C'est pour cela que, par exemple, quelqu'un qui gagne une grosse somme en jouant au loto peut, plutôt que de s'installer dans la sécurité financière qu'il recherchait, développer des comportements de peur, de crainte, de soupçon, d'appréhension qui rendront sa vie insupportable. Il aura peut-être peur de perdre tout cet argent, puisque sa valeur « sécurité financière » n'est pas suffisamment développée en lui. Son taux vibratoire est trop bas pour pouvoir s'adapter à la vibration d'abondance infinie que cette somme d'argent lui révèle.

Commencez par satisfaire vos besoins et par exprimer vos qualités supérieures de diverses manières dans votre vie actuelle. Dressez la liste des activités qui vous procurent un sentiment de la qualité recherchée et décidez de vous y livrer plus fréquemment pour installer et développer cette qualité supérieure. Un autre moyen de procéder consiste à vous rappeler le souvenir de l'émotion que vous voulez développer – de grandeur, d'estime de vous, de respect de vous – et de baigner dans ces souvenirs jusqu'à ce que votre vibration actuelle s'adapte à la vibration plus élevée de ce souvenir de qualité élevée. Commencez là où vous êtes, ici et maintenant, n'attendez pas d'être parfait, et procédez étape par étape. Le succès appelle le succès. En arrivant à « manifester » une petite somme et en célébrant cette manifestation, vous appellerez de nouveaux succès et vous attirerez de nouvelles manifestations d'abondance infinie.

Il est indispensable de connaître l'essence de ce que vous voulez attirer. Cette essence, c'est la fonction que vous voulez que ce désir remplisse, ce que vous attendez de ce désir. Lorsque vous désirez quelque chose, il est intéressant de d'abord détailler votre désir et de vous demander pourquoi vous voulez tous ses éléments. Vous obtiendrez ainsi une manifestation qui vous satisfera pleinement parce qu'elle correspondra à vos moindres désirs. Dès que vous connaissez précisément l'essence de ce que vous voulez, apprenez à reconnaître cette essence lorsqu'elle se manifeste, même si elle prend une forme différente de celle que vous attendiez ou espériez.

Prenons l'exemple d'une participante à un atelier qui vivait dans un appartement qu'elle aimait beaucoup, mais qu'elle trouvait un peu sombre. Elle rêvait d'attirer un lieu où il y aurait plus de verdure, où elle pourrait s'adonner à sa passion du jardinage, prendre soin de ses plantes et admirer la nature. Elle s'est mise en quête d'un appartement et plus sa quête devenait difficile et ardue, plus elle se rendait compte qu'elle se désalignait. Elle cessa de chercher et se concentra sur sa joie du moment. Elle se sentit inspirée à s'inscrire dans un groupe de randonnée pour être plus proche de la nature et y rencontra un homme avec qui elle sympathisa. Il l'invita plusieurs fois chez lui, à la campagne, et lui proposa même de s'occuper d'un petit lopin de terre. Elle put ainsi s'adonner au jardinage et prendre du temps pour elle, au sein de la nature, parmi les oiseaux. Elle prit grand plaisir à ces retrouvailles avec ses valeurs essentielles.

Si elle avait continué à chercher un lieu envers et contre tout, malgré les contrastes qu'elle se créait en ne laissant pas l'Univers agencer le cours des choses et en voulant à tout prix tenir les rênes de la manifestation de son désir, elle se serait coupée des intuitions qu'elle a reçues lorsqu'elle s'est réalignée sur l'essence de son désir : ses valeurs « nature » et « joie ».

Efforcez-vous de créer ce que vous désirez et non pas de vous débarrasser de ce que vous ne voulez pas. Lorsque vous voulez vous débarrasser de quelque chose, votre concentration repose sur ce que vous ne voulez pas et sur la frustration. Pivotez et concentrez-vous uniquement sur ce que vous voulez. Si vous ignorez ce que vous voulez, commencez par vous demander ce qui vous déplaît dans votre vie et suscitez mentalement une situation inverse. L'idée n'est pas de vous focaliser sur ce qui vous déplaît, mais de partir de ce point de départ pour pouvoir pivoter et vous focaliser à cent pour cent sur ce que vous voulez à la place.

Vérifiez également que vous pouvez vous imaginer en possession de ce que vous demandez. Si, par exemple, vous demandez la somme d'un million de dollars et que vous sentez une résistance ou un non en vous, le niveau vibratoire que vous cultivez en ce moment n'est pas du tout adapté au désir que vous voulez attirer. La première chose que vous voulez faire, c'est veiller à élever votre vibration pour pouvoir attirer la somme d'argent que vous désirez. Si vous ne le faites pas, votre croyance en tous les possibles risque de ne pas être suffisamment ferme pour pouvoir attirer cette somme d'argent rapidement et aisément dans votre vie.

Éventuellement, choisissez une autre somme qui correspond davantage à ce que vous pouvez imaginer recevoir. Vous expérimenterez alors la réussite dans votre processus de création, de manifestation et d'alignement. Cette réussite renforcera votre conviction que vous pouvez créer ce que vous désirez. Dès lors, commencez par une somme qui vous paraît tout à fait acceptable et, une fois que votre désir s'est manifesté, ancrez en vous la certitude que vous êtes un puissant maître créateur, puis élevez le niveau de la somme et rejouez à ce jeu. Jouez à demander chaque fois de nouvelles sommes de plus en plus élevées. Chaque réussite repose sur une réussite précédente. Votre certitude intérieure s'accroîtra de plus en plus aisément et c'est ainsi que vous accéderez au flux de l'abondance infinie.

Attirez ce que vous voulez vraiment, ce que vous êtes prêt à posséder et dont l'idée vous enthousiasme. Si vous cherchez à attirer un bien parce que votre voisin l'a attiré et que vous pensez qu'il vous conviendrait aussi, sans vous assurer qu'il correspond à un désir propre, vous aurez beaucoup de difficultés à l'attirer puisque vous n'êtes pas aligné sur vos propres valeurs. Par ailleurs, avant même d'obtenir votre désir, votre enthousiasme risque de diminuer puisque ce désir n'est pas aligné sur ce que vous voulez vraiment. Votre processus de manifestation sera beaucoup plus complexe et moins agréable à vivre et vous risquez de créer davantage de contrastes et de vous mettre des bâtons dans les roues. Prenez l'habitude d'abandonner les désirs que vous n'êtes pas prêt à soutenir et investissez plutôt votre énergie dans un désir qui a réellement un sens pour vous. Dressez la liste de tout ce que vous voulez depuis longtemps et ressentez intérieurement si vous le souhaitez réellement. Envisagez chaque désir et posez-vous les questions suivantes : « Est-ce que je désire vraiment cela ? N'est-ce pas une ancienne vision de ce que je pensais vouloir vivre ou expérimenter ? » Puis, rayez de votre liste tout ce qui vous apparaît secondaire, car ce qui est secondaire ne produira pas en vous l'enthousiasme nécessaire pour soutenir la manifestation du désir.

Votre enthousiasme est le carburant de votre voyage d'abondance. Moins vous avez d'enthousiasme pour un désir, plus vous risquez de produire des contrastes plutôt que d'utiliser cette Énergie à engendrer des succès. Conservez dans votre liste uniquement ce qui est capital pour vous et ce dont vous souhaitez susciter rapidement l'apparition.

Votre but est de manifester vos désirs aisément, légèrement et rapidement, plutôt que lourdement, avec beaucoup d'efforts et de difficultés. Vous voulez manifester dans l'aisance, dans la joie et dans le bonheur total. Dites-vous tous les jours : « Mon énergie est concentrée et dirigée sur mes désirs uniquement. » Donnez la priorité au désir que vous voulez poursuivre et pour lequel vous êtes prêt à consacrer pleinement votre énergie. Qu'il soit votre priorité. Pourquoi ? Parce que vous voulez commencer à vibrer de manière dominante la joie et le plaisir immense de voir ce plaisir déjà réalisé. Par exemple, posez-vous la question : « Quelle est la chose la plus importante que je puisse réaliser dans mon existence en ce moment précis ? » Puis, lancez sa création. Vous pouvez obtenir tout ce que vous croyez pouvoir obtenir. Vous pouvez posséder dès maintenant l'essence de tout ce que vous désirez. Soyez-en convaincu.

Quelle est la chose la plus importante que vous puissiez réaliser dans votre existence en ce moment même ?

Comment attirer ce qui vous satisfait pleinement ? En devenant un pôle d'attraction beaucoup plus puissant. Pour ce faire, apprenez à vous détendre, à visualiser et à utiliser votre imagination, comme le font les enfants. Utilisez les outils de la créativité, de l'invention, du jeu et de l'imagination spontanée et laissez votre enfant intérieur jouer à nouveau avec ses capacités de création. Votre pouvoir d'attraction n'attire que ce qui est dans l'intérêt supérieur de toutes les personnes concernées. Pas seulement vous, mais toutes les personnes concernées par la manifestation de votre désir. Plus vous vous focalisez sur ce que vous désirez en vous alignant sur vos valeurs, plus vous contribuerez au bien-être de la planète. Dites-vous régulièrement : « J'attire toujours plus de richesse, plus de prospérité et plus d'abondance. » C'est une manière tout à fait agréable de vous centrer et de vous harmoniser dès le matin.

En résumé, voici cinq principes qui vous permettront d'augmenter votre pouvoir d'attraction :

1. **Pensez à la qualité que vous voulez faire rayonner davantage dans votre vie.** Est-ce la qualité de paix intérieure ? Est-ce la qualité de générosité ? La qualité d'amour inconditionnel ? La qualité de bien-être total ? La qualité de santé parfaite ? La qualité de certitude intérieure ? Choisissez la qualité que vous voulez rayonner et pensez-y tous les jours. Le fait de vous dire : « Je suis la paix intérieure », « je suis l'amour universel » ou « je suis la sécurité financière » vous fera devenir cette qualité supérieure.

2. **Attirez l'essence de votre désir en même temps que sa forme spécifique.** Si vous ne savez pas précisément ce que vous désirez, vous pouvez vous laisser inspirer un symbole de la forme que pourrait prendre votre désir. Identifiez l'essence de votre désir avant tout : qu'espérez-vous recevoir qui sous-tend ces désirs d'abondance ou ce bien en particulier ou ce montant en particulier ?

3. **Osez demander ce que vous voulez et même plus.** Voyez grand. Plus vous voyez grand, plus vous laissez l'Univers agencer le « comment » pour vous.

4. Aimez votre désir et soyez bien décidé à l'obtenir. Appréciez votre désir et faites-en votre priorité. Qu'il s'installe dans la vibration dominante de votre aura.

5. Soyez persuadé que vous pouvez obtenir votre désir. Développez la certitude intérieure que vous avez la capacité de manifester tout ce que vous voulez. Ensuite, détachez-vous de votre désir et restez souple quant à sa manifestation. Vous voulez vous ouvrir à tout ce que l'Univers vous proposera, car ce que vous désirez ne prendra probablement pas la forme que vous avez demandée. Dans certains cas, vous recevrez bien mieux que ce que vous espériez.

Si vous dépensez trop d'énergie ou si vous devez constamment vous rappeler votre désir, vous avancez à contre-courant de celui-ci. Soit vous vous mettez des bâtons dans les roues (vous voulez forcer les choses), soit ce désir n'est pas aligné sur vos valeurs (vous devez vous recentrer constamment sur votre désir).

Avant d'attirer un bien qui contient beaucoup plus d'énergie que vous n'en avez actuellement, entrez en harmonie avec son énergie, par exemple, pour une somme d'argent beaucoup plus importante que celle dont vous disposez ici et maintenant. Pour vous harmoniser avec cette énergie, imaginez où vous allez la placer. Qu'allez-vous en faire ? Comment vous rendra-t-elle service ? Imaginez comment vous vous sentirez quand elle vous appartiendra : familiarisez-vous avec cette somme d'argent en imaginant que vous l'avez et que vous l'utilisez. Représentez-vous les changements que ce désir apportera dans votre vie. Ainsi, votre vibration s'élèvera et vous aurez beaucoup plus de chance d'attirer votre désir rapidement, aisément et joyeusement.

La première chose à faire pour arriver à la maîtrise du processus de création de l'abondance, c'est de suivre votre guide intérieur, c'est-à-dire toutes les intuitions et impulsions qui vous sont inspirées lorsque vous êtes vraiment aligné sur la Source en vous. Vous suivez ainsi votre flux d'énergie naturel. Vous êtes dans le courant du bien-être et de l'abondance. Vous êtes ce courant.

Votre guide intérieur est la partie divine en vous qui communique avec vous à travers les messages de vos émotions, de vos sensations et de vos intuitions. Vos émotions vous indiquent les actions à entreprendre, ces actions qui vous sont inspirées de plus haut. C'est en étant spontané, en suivant vos intuitions et vos impulsions intérieures, mais aussi en écoutant vos sentiments et en suivant leurs instructions que vous atteindrez vos objectifs aisément et rapidement.

La partie divine en vous vous mène toujours vers votre intérêt supérieur et est toujours totalement alignée sur la Source de tout bien-être et de toute abondance. Développez votre réceptivité à ces intuitions. Cela peut se traduire par le fait de dire non quand vous pensez non et oui quand vous pensez oui.

Il arrive que certaines personnes me demandent quelque chose et que je sente en moi un non très clair, un non criant de vérité. Ce sont toutes mes cellules qui disent non. Dans ce cas, je m'écoute et je dis non, plutôt que de dire oui en conservant une résistance en moi. Ce serait un oui qui n'en est pas un, car ce faux oui risque de créer des jeux malsains, des non-dits ou des malentendus. Je préfère dire non quand c'est non et dire oui quand je sens que toutes mes cellules me disent oui. Lorsque quelqu'un vous demande quelque chose ou lorsqu'une occasion se présente, posez-vous les questions suivantes : « Ai-je vraiment envie de cela ? Est-ce l'activité la plus facile et la plus agréable pour moi en ce moment ? Est-ce que je me force à l'accomplir parce que je m'y sens obligé ? » Et soyez honnête et respectueux à l'égard de la réponse qui vous vient. Cette réponse peut prendre diverses formes, elle peut prendre la forme d'un sentiment d'anxiété ou d'une sensation désagréable qui peut correspondre à une forme d'avertissement de la partie divine en vous. Ou bien elle peut prendre la forme d'une intuition ou d'une coïncidence, d'une synchronicité qui peut se présenter.

Il est important d'apprendre à faire la différence entre vos peurs normales et les messages internes de la partie divine en vous. Comment faire cette différence ? Cultivez un état de calme et de sérénité. Revenez en vous-même. Vous pouvez aussi vous livrer à des activités qui vous sortent de votre état de conscience normal, comme cultiver des pensées, des images, des sentiments précis. Vous pouvez aussi former un rêve ou un désir d'action qui s'enrichira au fil du temps et qui se développera chaque fois que vous faites silence. Un peu comme le jeu des dix-sept secondes[*] : vous imaginez votre désir réalisé et vous vous laissez entrer dans cet état de conscience particulier qui vous permet d'élever votre vibration et de cultiver une attitude tout à fait alignée sur le plaisir et la joie suprême que vous cherchez à obtenir à travers votre désir.

Écouter davantage la partie divine en vous peut signifier vous accorder plus de temps pour vous détendre en silence et envisager votre vie ou vous livrer à des activités créatrices ou physiques, mais surtout, entreprendre l'action qui vous est inspirée dès que vous en recevez l'intuition. C'est important, parce que le mot *attraction* contient le mot *action*. C'est votre vibration, votre fréquence qui fait que vous attirez à vous les personnes et les circonstances qui vous permettent de recevoir votre désir ou de le repousser, selon votre choix, mais si une action vous a été inspirée et que vous ne l'entreprenez pas, vous envoyez le message que vous n'êtes pas prêt à recevoir ce que vous avez demandé.

---

[*] Dans ce jeu, vous transformez en 17 secondes la moindre pensée qui ne vous aide pas et qui ne contribue pas à créer ce que vous voulez, en la retournant à 180° degrés et en vous concentrant sur son pendant positif durant 17 secondes. Par exemple : « Je n'y arriverai jamais » devient « J'y arriverai ». Concentrez-vous maintenant sur cette affirmation pendant 17 secondes et le tour est joué ! Pour plus d'informations, veuillez vous référer au livre *Le secret de la loi d'attraction*, Éditions Le Dauphin Blanc, 2007.

Par contre, n'agissez pas lorsque vous vibrez la peur et attendez de recevoir une intuition, une pensée ou une image qui vous indiquera la voie à suivre dans ce cas-là. Vous vous épargnerez de nombreuses actions inutiles et cela vous permettra de vous trouver au bon endroit, au bon moment, pour matérialiser ce que vous désirez, facilement et sans effort. Cela vous fera gagner du temps et de l'énergie aussi et comme vous le savez, le temps, c'est la vie : autant l'utiliser à bon escient. Prenez le temps, chaque fois que vous pensez à ce que vous voulez obtenir, de vous détendre d'abord et d'être réceptif à toutes les images et à toutes les intuitions qui surgiraient pour vous indiquer quelle action inspirée effectuer. Qui dit détente et calme, dit alignement. Il ne s'agit donc pas d'effectuer une action que vous déduisez logiquement, mentalement, mais bien de faire une action qui vous est inspirée parce que vous êtes branché à la Source dans l'instant.

Règle générale, les intuitions qui viennent de la partie divine en vous concernent ce qui vous est déjà familier, des domaines que vous connaissez déjà. Il est très rare que vous receviez une intuition vous indiquant de basculer totalement vers quelque chose que vous ne connaissez pas. Les qualités et les compétences que vous avez développées ou qui sont vôtres sont là pour vous aider à vous rapprocher de votre objectif. Vos intuitions vous transmettent l'idée de l'action et l'élan pour l'accomplir. Si maintenant cette intuition soudaine vous pousse dans un domaine que vous ignorez totalement et qu'il vous faudrait des mois pour accomplir cette action de manière adéquate et satisfaisante, il s'agit probablement d'une envie passagère. C'est un bon repère pour distinguer une envie passagère d'un réel désir de votre âme.

Les actes que la partie divine en vous vous pousse à effectuer sont des étapes évidentes pour vous, ou des actions que vous pouvez effectuer avec les connaissances que vous possédez déjà. Si maintenant vous devez acquérir de nouvelles informations, l'action à accomplir vous sera inspirée un peu plus tard. Retenez dès lors que vos intuitions vous encouragent toujours dans la direction de ce que vous pouvez faire dans l'immédiat et non pas vers quelque chose qui demande de longues années d'étude. Vos actions inspirées sont des actions alignées sur la Source, c'est-à-dire sur qui vous êtes en ce moment et sur toutes vos capacités et vos qualités supérieures actuelles.

Il n'y a jamais d'urgence lorsque vous êtes aligné sur la Source. Vous avez tout le temps de prendre les mesures nécessaires à un rythme qui vous conviendra. À partir du moment où vous ressentez un sentiment d'urgence ou la peur de manquer votre coup, vous pouvez être certain que l'action que vous voulez effectuer est motivée par votre concierge qui raisonne mentalement à partir d'une vibration de manque, de peur du manque, de frustration ou de concurrence. Or, ce n'est pas à ce niveau que vous voulez vibrer puisque vous avez pour but d'attirer l'abondance infinie, financière, professionnelle ou autre.

Chaque fois que vous ressentez une résistance ou une gêne à poursuivre une action, c'est le signe que vous ne suivez pas votre voie la plus élevée ou que vous n'êtes pas aligné sur la Source à cet instant. C'est plutôt le concierge qui vous dit : « Tu dois faire cela, tu devrais faire cela et dépêche-toi parce que quelqu'un d'autre risque de prendre ta place, etc. » Ce n'est pas le discours de la Source qui, elle, est totalement au fait de toutes les possibilités qu'offre l'Univers. Si vous entendez des messages comme « n'est-il pas merveilleux d'agir de cette façon, ou ne serait-il pas agréable de faire cela ? », c'est la partie divine en vous qui parle.

Dès que vous ressentez un sentiment de joie et d'enthousiasme dans vos pensées ou vos intuitions, c'est votre être divin qui vous parle. À partir du moment où vous vibrez un sentiment de frustration, d'empressement ou de peur, le concierge a pris le dessus. Suivez vos sentiments de plaisir et de joie puisqu'ils vous indiquent que vous êtes sur la voie la plus élevée de votre rêve de réalisation et d'épanouissement personnel et dès lors, de contribution à l'humanité.

Mettez provisoirement de côté les activités que vous «devriez» faire pour vous demander ce que vous «aimeriez» faire. Transformez votre «liste de choses à faire» en «liste de choses à être», qui comprend des tâches que vous demandez à l'Univers d'accomplir pour vous. Je vous invite ici à faire l'exercice du napperon : vous prenez une feuille que vous divisez en deux colonnes. Dans la colonne de gauche, vous indiquez tout ce que vous avez envie de faire, c'est-à-dire tout ce que la partie divine en vous vous inspire à réaliser pour vous rapprocher de votre but. Dans la colonne de droite, vous notez tout ce que vous demandez à l'Univers d'exécuter pour vous, toutes ces choses que vous ne savez pas par quel bout commencer ou que vous ne voyez pas comment réaliser. Vous demandez à l'Univers de s'en occuper, de vous inspirer des actions ou de vous amener des personnes qui vous permettront de réaliser cela aisément et joyeusement.

Je vous invite instamment à utiliser les outils proposés au sein de ces pages. Ils sont très légers et très amusants. Alignez-vous encore et encore. Soyez à l'écoute de la partie divine en vous et sachez que vous pouvez accéder à l'abondance infinie à mesure que vous arrivez à vous harmoniser un petit peu tous les jours sur votre bien-être, votre plaisir et votre joie.

Vous vibrerez continuellement l'abondance infinie et vous réussirez votre vie !

Exercice

Si vous savez clairement quelle est votre passion, vous êtes prêt à avancer sur votre voie. Que faire si vous êtes confus ? Et que faire si vous vous sentez complètement débranché de votre sentiment de passion ? Que faire si, lorsqu'il vous est demandé de décrire votre « vie idéale » ou votre « vision », vous ne savez même pas par où commencer ?

D'abord, sachez que cette « déconnexion » de votre sentiment de passion n'est qu'une forme de résistance. Souvent, nous cessons de porter attention à nos passions tôt dans notre vie, lorsque le système d'éducation traditionnel tend à mettre l'enfant sur une voie où il n'a pas de réel talent. Si vous avez appris que vos passions sont « un bon passe-temps, mais certainement pas un moyen de subsistance fiable », il n'est pas étonnant que vous vous soyez débranché de votre sentiment de passion. Il vous serait trop pénible de vivre en aspirant à faire quelque chose que vous croyez ne pas pouvoir faire. Vous préférerez dire que vous ne savez pas quelles sont vos passions.

Je ne dis pas que vous faites cela intentionnellement, parce que je ne crois pas que c'est le cas. C'est une sorte de mécanisme de défense émotionnel. Si vous croyez ne pas savoir quelles sont vos passions, vous n'avez pas à vous responsabiliser de ne pas les vivre. « Si seulement je savais quelles étaient mes passions, je pourrais utiliser la loi d'attraction pour changer ma vie. » En disant cela, vous vous persuadez que vous ne connaissez pas vos passions et cette histoire devient de plus en plus vraie pour vous, jusqu'à ce que vous croyiez vraiment que rien dans votre vie ne vous passionne. Au lieu de vous sentir « mal », vous avez choisi de vous sentir « engourdi ».

Et il n'y a pas de pouvoir dans le sentiment d'engourdissement. Vous ne pouvez rien attirer avec l'engourdissement, excepté plus d'engourdissement. Trop de personnes passent leur vie « engourdies » par rapport à leur sentiment de passion, en se volant à elle-même et aux autres le cadeau qu'elles « sont » pour le monde.

Cette idée que vous ne connaissez pas votre passion, même si elle vous semble vraie en ce moment, est une idée que vous devez être disposé à abandonner si vous voulez vous créer une vie totalement satisfaisante. Nous sommes ici pour vivre nos passions. Faisons-le !

Voici un processus qui vous aidera à dépasser ce sentiment de passion perdue :

1. À quoi rêvez-vous ?

_____
_____
_____

Quand votre esprit « part », il va là où il va pour une raison précise. Souvent, notre subconscient nous donne une idée de ce qui pourrait être, au moyen de nos « rêveries ».

2. Que feriez-vous toute la journée si vous pouviez faire n'importe quoi et que l'argent n'était pas un problème pour vous ?

_____
_____
_____

C'est une question qui vous aide à vous brancher à vos passions parce que si vous pouvez entraîner le sentiment d'être libre financièrement, vous vous permettez de penser à ce que vous voudriez vraiment faire. Toutefois, si vous laissez votre mental vous dire : « Cela me fera-t-il gagner de l'argent ? », vous vous trompez vous-même. Ne jugez pas vos passions d'après les croyances que vous entretenez sur leur potentiel lucratif.

La réponse à cette question pour beaucoup de personnes est la suivante : « Rien ! Je ne ferais rien toute la journée. » Et c'est une réponse totalement honnête. J'invite toutefois quiconque ressent cette réponse à visualiser une journée passée à « ne rien faire » pour voir comment sa vision évoluera naturellement. Elle vous mènera à votre passion.

3. Qu'est-ce qui vous inspire ou *qui* vous inspire ? Si vous ne pouvez pas immédiatement accéder à votre propre sentiment de passion ou mettre une étiquette dessus, je vous invite à penser à ce qui vous inspire ou à qui vous inspire et pourquoi ?

_____
_____
_____

Vous pouvez apprendre beaucoup de choses sur vous-même en regardant comment vous interprétez les gens et les situations. Si les actes de quelqu'un vous inspirent, cela pourrait-il vous indiquer un peu plus les actes que vous pourriez vouloir faire dans le monde ?

Si vous êtes inspiré par une forme d'expression créatrice comme l'art, la musique, le cinéma ou le théâtre, qu'est-ce qui vous inspire exactement dans l'expérience ? Attention ! Vous sentir inspiré par l'art ne signifie pas nécessairement que vous avez choisi de jouer un rôle d'artiste. Les choses qui nous inspirent ne sont pas toujours celles que nous sommes censés être ou faire. Cependant, elles nous ouvrent à l'essence de qui nous sommes.

La prochaine fois que vous vous sentirez inspiré par quoi que ce soit ou qui que ce soit, demandez-vous pourquoi vous en êtes inspiré. Quelle partie de vous-même est activée par cela ? Quelle action, grande ou petite, vous sentez-vous appelé à entreprendre ?

Il existe de nombreux cours et livres susceptibles de vous aider à découvrir votre sentiment de passion, mais je crois que ces quelques questions, si vous y répondez honnêtement, vous donneront un bel aperçu de ce que vous voulez faire ici.

Chapitre 4

Découvrir son feu sacré

> *La passion vous mène irrésistiblement sur la voie du but de votre âme. Elle vous relie à la partie la plus profonde de votre nature. Lorsque vous vous alignez sur vos passions, vous vous sentez grandi, ouvert et enthousiaste.*

Le but de notre âme est en essence le courant d'énergie que nous intégrons en nous lorsque nous vibrons ce qui est utile à notre évolution spirituelle personnelle et qui a dès lors un impact sur l'évolution des consciences en général. Sans but élevé, nous ne sommes que des ermites et errons sur les voies de nos possibilités, ces possibilités que nous négligeons souvent à cause de nos croyances. Dès que nous suivons un ou plusieurs buts élevés, nous choisissons à bon escient chaque moment, chaque heure, chaque jour, chaque semaine, même chaque minute. Nous les choisissons et les créons consciemment et délibérément, ce qui nous permet de nous épanouir, de rayonner et, dès lors, d'évoluer rapidement, aisément et sans effort.

Nous avons tous un but que nous avons choisi de poursuivre en nous incarnant sur cette planète. Il ne s'agit pas d'un destin déterminé et inaltérable, car nous avons toujours le pouvoir de créer et de transformer notre réalité observable en notre idéal de vie. En venant sur cette planète, nous avons accepté de participer au système d'énergie très particulier qui fait correspondre ce qui se passe en nous (nos pensées, nos émotions) avec la vision que nous avons du monde extérieur. L'extérieur vient toujours de ce que nous vivons et vibrons à l'intérieur. Notre but sur cette planète, c'est d'être qui nous sommes réellement : un être divinement joyeux.

Pour pouvoir savoir qui nous sommes réellement et le vibrer très consciemment et très délibérément, nous avons créé le temps, ce délai entre le moment où nous naissons, ce moment où nous faisons le choix de nous densifier dans le corps physique, et le moment où nous choisissons de retourner à l'océan d'Énergie universelle. Ce temps limité nous permet de travailler sur des Énergies spécifiques. Par rapport au plan universel, le plan terrestre est très lent puisque le temps des humains « mortels » est un temps limité qui vibre à une fréquence beaucoup plus lente que le temps intemporel de l'Univers.

C'est une nécessité pour nous permettre de rester dans cette matière dense et compacte, étant donné que la fréquence de la matière est beaucoup plus lente, beaucoup plus basse que la fréquence de la pure lumière.

Sur ce plan physique terrestre, nos pensées créent et deviennent réalité. Nous vivons dans un monde de pensée matérialisée. Dans ce monde de pensée matérialisée, il nous faut du temps pour créer une forme et, pour certains d'entre nous, il en faut plus encore pour pouvoir recevoir cette forme. Il s'agit d'entrer en correspondance vibratoire avec notre désir, de trouver la bonne fréquence et de nous ajuster à cette fréquence spécifique de façon de plus en plus dominante pour pouvoir recevoir ce qui se trouve dans la « caverne de tous nos désirs réalisés ».

Et comme le temps est ralenti ici – nous l'avons limité en choisissant de descendre sur cette fréquence inférieure –, il est important de nous centrer sur ce que nous voulons obtenir pour nous diriger directement vers l'obtention de ce désir. Il peut se passer des années entières avant que nous atteignions notre but, mais plus ce but est élevé, plus nous pouvons accélérer le processus de manifestation.

Lorsque je parle de but élevé, je parle d'un but tellement passionnant que nous en arrivons à concentrer le temps, à accélérer l'évolution de notre âme et à élever nos vibrations. La passion et la joie que nous ressentons, en pensant à ce but et en vibrant pour ce but, nous permettent d'accélérer le processus de manifestation. Plus notre but est élevé, moins nous perdons d'énergie, moins nous nous égarons ou nous nous dispersons et plus vite nous arrivons au sommet, c'est-à-dire à l'obtention de notre désir.

Le but le plus élevé que nous puissions avoir, c'est de vibrer la joie sous toutes ses formes. C'est la faim d'avancer, de contribuer à l'expansion, l'essence même de la substance de base de l'Univers. Une nouvelle maison, une nouvelle voiture, la publication d'un livre ne sont pas des buts d'évolution, ce sont les formes que prend la manifestation de notre but : nous développer dans un sentiment de bien-être constant.

Cela dit, le processus par lequel nous créons ces choses en leur permettant de se manifester, et surtout l'épanouissement que nous vibrons en acquérant de nouvelles compétences, en ressentant nos intuitions, en ouvrant notre cœur, en développant une nouvelle vision de la beauté, le sentiment du travail bien fait, l'attention et aussi la concentration que nous plaçons dans la tâche passionnante que nous nous sommes choisie, tout cela constitue le but élevé et notre évolution de conscience.

Le but de n'importe quelle entité sur cette planète est de se sentir bien à tout moment. Le meilleur moyen de se sentir bien à tout moment, c'est d'expérimenter la joie sous toutes ses formes. C'est ouvrir son cœur et vibrer ces sentiments de joie, d'amour et de compassion de la manière la plus continue possible.

⇨ Notez votre rêve et le but de votre âme. Y a-t-il un grand but que vous poursuivez en ce moment ? Voici comment donner un coup de collier à la vision de ce but. Utilisez les questions suivantes pour accélérer la livraison de votre rêve. Vous constaterez que la dernière question nous ramène au but, qui est l'alpha et l'oméga de notre présence sur cette planète, de notre décision de venir nous incarner ici.

1. Quelle est ma priorité dans cette vie ?

_____

_____

Quelle est la chose la plus importante pour vous ? Celle que vous voulez expérimenter, explorer ou accomplir en ce moment. Tant que vous n'avez pas répondu à cette question, vos objectifs de vie risquent d'être plus aisément désaccordés de votre feu intérieur et vos intentions risquent de manquer du pouvoir d'attraction suffisant pour attirer les personnes, les situations, les occasions nécessaires à leur manifestation.

Baignez dans votre sentiment de joie intense en retrouvant les activités qui vous passionnaient lorsque vous étiez enfant, de sept à quatorze ans par exemple. Quels sont vos passe-temps maintenant ? Voyez ce qui vous passionne le plus ici et maintenant. Rappelez-vous que, lorsque vos objectifs sont alignés sur le but de votre âme, les synchronicités se produisent aisément et vous guident jusqu'à votre cible. Vous n'avez plus qu'à les suivre, tel un jeu de piste.

Lorsque vous ressentez de façon très intense cet appel unique et authentique et que vous comprenez son sens, de l'aide vous est amenée par tous les agents de l'Univers, par toutes ses ressources terrestres et universelles. Utilisez l'effet de levier que vous offre l'Univers lorsque vous êtes aligné sur ce qui vous passionne et sur ce qui est le plus important pour vous. Le plus important pour vous, c'est de vibrer la joie suprême au jour le jour. Découvrez les activités et les actions qui vous passionnent le plus dans votre quotidien.

2. Le rêve que je caresse est-il le mien ou celui de quelqu'un d'autre ?

_____

_____

C'est une question majeure qui vous permet de vous aligner sur vos valeurs primordiales. Avez-vous consciemment choisi votre rêve ou vous a-t-il été insufflé par les croyances des autres, proches, parents, frères et sœurs ou par la société en général. Êtes-vous sûr de suivre votre rêve ? Voulez-vous prendre le risque, à la fin de votre course terrestre, de regarder en arrière et de regretter de ne pas avoir suivi votre passion ? Allez-vous regretter d'avoir préféré la sécurité ?

Faites une espèce de bilan intérieur pour vous assurer que le rêve que vous poursuivez est bien le vôtre, et voyez si vous ne cultivez pas des croyances comme « c'est égoïste de vouloir suivre son rêve ». N'oubliez pas que vous ne pouvez pas donner de joie aux autres si vous ne vous êtes pas d'abord donné cette joie à vous-même. Cette joie, vous vous la donnez lorsque vous faites ce que vous aimez et lorsque vous le faites de manière excellente et le plus souvent possible tout au long de votre journée. Vous avez le droit divin d'écouter votre âme ou votre cœur. Vous avez une forme d'obligation sociale de poursuivre votre rêve. Vous êtes né pour cela. Vous pouvez accomplir le but de votre âme et apporter la contribution terrestre que vous avez choisie d'apporter en descendant sur ce plan physique. C'est un choix que vous avez fait. Accomplissez ce choix.

3. Est-ce que je veux vraiment atteindre ce rêve ?

_____

_____

Est-ce que ce rêve est suffisamment grandiose pour me faire bondir du lit tous les matins et me donner envie de poursuivre cette vision ? Ou n'est-ce qu'un petit rêve ? Pensez au grand Einstein. Seul le grand Einstein, ou la grande personnalité, la partie divine qui vibrait en Einstein a pu produire suffisamment d'énergie pour se manifester comme il l'a fait dans le monde. Ce n'est pas le petit Einstein, la petite personnalité, qui a réalisé tout ce qu'il a accompli.

Vous voulez poursuivre un rêve qui est à la hauteur de cette grande personnalité que vous êtes. Vous ne voulez pas de quelque chose de trop petit qui ne vous enthousiasme pas suffisamment pour vous donner l'envie de sortir de votre lit chaque matin et de créer une belle journée.

4. Est-ce que je me contente de moins que ce que je peux être ou obtenir ?

_____

_____

C'est la suite de la question précédente. Vous êtes-vous résigné à accepter moins que votre part d'amour, de santé et de succès au cours de cette vie ? Y a-t-il une forme de résignation en vous ? Avez-vous compromis votre idéal, ou même, l'avez-vous condamné à mourir ?

Seul le fait de vivre vos vraies passions vous rendra heureux. Voulez-vous arriver au moment du retour sur le plan non physique en regrettant de ne pas avoir lancé l'activité qui vous amuse, ou préférez-vous au contraire choisir de retourner sur le plan non physique en sentant que vous avez accompli tout ce que vous vouliez accomplir au cours de votre vie ? Offrez-vous de vivre et de vibrer votre grand rêve, le plus magnifique des rêves, pas un petit rêve. Ne vous contentez pas de moins que ce que la grande personnalité en vous se sent capable de faire. Vous voulez poursuivre votre génie. Pas seulement ce qui est excellent, mais ce qu'il y a de meilleur en vous.

5. Mon rêve constitue-t-il juste un moyen d'accéder à un autre rêve ?

_____

_____

Lorsque vous poursuivez un rêve trop petit, il cache souvent un plus grand rêve. Il est donc intéressant de passer par cette étape. Demandez-vous si votre but est la fin ultime que vous recherchez, ou seulement un moyen limité qui y mène. Par exemple, vous voulez de l'argent, mais n'est-ce pas plutôt la voiture que vous désirez, l'argent étant seulement le moyen d'y arriver ? Et plutôt que la nouvelle voiture destinée à impressionner votre famille, vos voisins ou vous-même, n'est-ce pas le bonheur et le bien-être total que vous recherchez ? Concentrez-vous sur la sensation que vous voulez vibrer et non pas sur la forme physique ou la manifestation extérieure susceptible ou non de vous apporter cette sensation.

Dès lors que la manifestation de ce que vous désirez est sans importance pour vous, puisque vous ressentez déjà ici et maintenant la sensation de plaisir intense que vous voulez vibrer à tout moment, vous entrez dans le courant de l'harmonie totale.

Vous lancez des fusées de désir parce que vous ne pouvez pas faire autrement. C'est comme une respiration, c'est plus fort que vous, mais qu'elles se manifestent ou pas n'a plus aucune importance pour vous puisque la seule chose qui compte pour vous à tout moment, c'est de vibrer le plaisir intense et la joie suprême. Comme vous le vibrez déjà en cet instant, que la voiture soit là ou pas n'a plus d'importance. C'est à ce moment que la voiture arrive, lorsque vous avez lâché la pensée du manque ou d'absence de votre désir.

6. Comment me sentirai-je lorsque j'atteindrai mon rêve ?

_____

_____

Quel est le sentiment que vous vibrez dans la « caverne de vos désirs réalisés » ? La passion que vous entretenez alimente votre vision. Dès lors, vous voulez plonger dans la joie suprême de déjà vivre votre rêve. À chaque instant, chaque fois que vous y pensez, imprégnez chaque cellule de votre corps de la joie d'avoir atteint votre but.

Là où coule votre attention créatrice, coule votre vie. Dès lors, demandez-vous si votre attention quotidienne alimente votre rêve. Où portez-vous votre attention au quotidien ?

Disons qu'il est midi à l'heure où vous lisez ces lignes. Savez-vous où s'écoule votre enthousiasme créateur ? Où est placé le projecteur de votre attention ? Est-il placé sur le but que vous voulez atteindre et qui consiste peut-être à vous sentir bien à tout moment, ou est-il placé sur le comportement de quelqu'un d'autre, la critique de ce comportement, le jugement de ce qui se passe dans le monde ? Voyez où vous placez votre attention parce que votre attention crée. D'instant en instant, vous créez votre vie future avec votre attention.

Il est grand temps que chacun d'entre nous manifeste ses aspirations. N'oubliez pas que les créations agréables et appréciables sont nourries avec amour et soin de votre attention délibérée. Choisissez délibérément où vous portez votre attention désormais.

7. Quels seront les bénéfices de la réalisation de mon rêve ?

_____
_____

Ici, spécifiez les avantages que vous obtiendrez en accomplissant votre vision. Notez ces bénéfices pour qu'ils vous inspirent. Quand vous relirez la liste de ces avantages, vous retrouverez l'élan de poursuivre votre rêve encore et encore.

Que se passerait-il exactement dans votre vie si vous attiriez beaucoup d'argent en faisant ce que vous adorez faire ? Comment approcheriez-vous votre vie si vous permettiez aux gens de vous aimer et de vous soutenir dans votre accomplissement de vie ? Que feriez-vous avec plus de vitalité et une bien meilleure santé ? Lorsque vous vibrez votre passion au jour le jour, vous avez plus de vitalité, car l'énergie circule avec beaucoup plus de fluidité en vous. Cette fluidité vient de votre alignement sur la vibration élevée de la Source.

Nous sommes tous l'Énergie, l'Énergie totalement alignée sur le bien-être. Nous sommes l'Énergie totalement alignée sur le bien-être lorsque nous vibrons notre passion dans la joie suprême. Plus nous vibrons notre passion, plus nous sommes emplis d'énergie et de vitalité. Par contre, moins nous vibrons notre passion, plus nous nous sentons fatigués et désaccordés de la Source.

8. Quels pas puis-je effectuer aujourd'hui en direction de mon rêve ?

_____

_____

Vous ne voulez pas reporter votre rêve. Vous voulez au contraire établir dès maintenant une forme de soutien et peut-être un système qui vous permettra de traduire immédiatement vos intentions en actions. Vous voulez sauter sur chaque occasion correspondant à votre but et à votre vision. C'est l'élan que vous voulez maintenir. Vous voulez rester au même niveau vibratoire que ce que vous désirez réaliser et maintenir un rythme paisible et aimant à la fois pour pouvoir recevoir ce que vous avez demandé. Et ce, peu importe l'agitation de votre vie, car il nous arrive à tous de nous sentir agités, stressés et débordés.

Engagez-vous à entreprendre au moins une action par jour qui vous rapproche de votre but. Même une action minime. Par exemple, noter une nouvelle idée dans un carnet, lire une page du livre que vous voulez lire, donner un coup de téléphone par jour si vous avez une liste de personnes à joindre. Une toute petite action, effectuée chaque jour de manière créative, est porteuse et contribue grandement à votre progrès. Wallace D. Wattles nous encourage à faire chaque jour tout ce que nous pouvons faire et à veiller à ce que chaque chose que nous réalisons soit effectuée de la manière la plus prospère possible. Il ne s'agit pas seulement d'agir, mais d'agir de manière délibérée, créatrice et prospère tout en suivant notre vision.

Demandez-vous aussi s'il n'y a pas de plus petits projets ou de plus petites étapes que vous pourriez réaliser pour vibrer le plaisir au jour le jour en attendant d'atteindre votre grand rêve. Il s'agit de « couper l'éléphant en tranches » plutôt que de vouloir tout de suite vous imaginer dans votre rêve accompli, s'il vous paraît trop inaccessible. Quelles étapes intermédiaires vous sont inspirées ? Voyez si vous pouvez faire un petit pas en direction de ces étapes.

Par exemple, si votre rêve est de courir le marathon, vous pouvez participer d'abord à une petite course locale que vous réalisez dans le plaisir et la détente, avec moins de stress que si vous vous imaginiez tout de suite vous entraîner pour le marathon. Trouvez un moyen de mesurer votre progrès. Notez, par exemple, dans un journal, tous les petits progrès que vous avez réalisés ou partagez votre projet avec un ami.

Je me souviens du professeur de tennis de mes enfants qui m'expliquait qu'il s'entraînait pour le marathon de Bruxelles. Tous les jours, ou chaque fois qu'il le pouvait, il s'entraînait à courir plusieurs kilomètres avec un ami. Grâce au fait d'être deux à poursuivre le même projet et au fait d'avoir découpé l'énorme objectif en petites tranches, ces deux amis entretenaient suffisamment d'enthousiasme et de motivation pour aller courir par n'importe quel temps. Qu'il pleuve, qu'il vente ou qu'il neige, ils sortaient joyeusement, parce qu'ils poursuivaient le but de participer à un marathon.

9. Me vois-je accéder à mon rêve ?

_____

_____

Peut-être que vous vous dites que votre rêve est inaccessible. Justement, parlons-en de ce rêve inaccessible. La plupart des gens croient ne pas pouvoir atteindre leur rêve et le vivre.

Parfois, c'est leur système de croyances qui leur fait croire qu'ils ne peuvent gagner leur vie en faisant ce qu'ils aiment. Par exemple, il existe une croyance très répandue selon laquelle nous devons « gagner notre vie », nous devons nous battre et lutter pour vivre et dès lors, obtenir de l'argent difficilement en faisant des choses que nous n'aimons pas.

D'autres fois, ces personnes croient ne pas mériter leur rêve. Le manque d'estime ou d'appréciation d'elles-mêmes fait qu'elles ne croient pas mériter de vivre ce rêve. Pour éviter la douleur de ce sentiment de frustration, et parfois même d'impuissance, ces personnes gardent leur rêve si enfoui en elles qu'elles ne peuvent même plus se rappeler avoir caressé un rêve.

Je reçois régulièrement des messages de personnes qui me disent : « Je ne sais pas quel est mon rêve » ou « je ne sais pas quel est le but de mon âme, pouvez-vous m'aider à le découvrir ? ». Lorsque je leur demande : « Qu'aimiez-vous faire lorsque vous étiez petits ? Quelles sont vos passions ? Où est votre plaisir ? » Souvent, elles me répondent : « Je n'ai pas de plaisir. Je ne connais plus de plaisir depuis très longtemps. »

Ces personnes ont réussi à enfouir leur rêve sous des couches de confusion et de négativité, ce rêve qui consiste à laisser briller leur diamant intérieur à travers leur accomplissement personnel. Tout le monde a un rêve. Tout le monde peut atteindre ce but. Pourquoi attendre ? Pourquoi ne pas le faire tout de suite ? Donnez-vous les moyens de réaliser votre rêve ici et maintenant.

10. Ai-je peur d'atteindre mon rêve ?

_____

_____

J'ai été étonnée d'apprendre tout récemment que, statistiquement, les crises cardiaques se produisaient davantage lorsque tout semble aller bien dans la vie de quelqu'un. Je peux le comprendre parce que certaines de mes connaissances ont effectué leur passage vers le plan non physique en faisant une crise cardiaque. Ce qui crée la souffrance de ceux qui restent, c'est de ne pas comprendre pourquoi, tout d'un coup, la personne quitte le plan physique alors que tout allait bien. Rien ne pouvait laisser prévoir ce départ. Or, souvent, ces personnes se retrouvaient devant un nouveau « défi » dans leur vie, une nouvelle « spire » d'évolution, nouvelle et vraisemblablement impressionnante. Elles ont choisi pour elles-mêmes la voie de la moindre résistance.

Atteindre mon rêve peut me paraître dangereux parce que réaliser mon rêve menace l'expérience connue de ma petite personnalité, cette vie que j'ai ressentie comme ennuyeuse et perturbante pendant tout un temps. Mon mental a peur de me voir réaliser mon grand rêve. Il a peur de voir ma grande personnalité s'accomplir, parce que c'est l'obliger à sortir du connu pour aller vers l'inconnu. Changer peut nous paraître effrayant. C'est pour cela que beaucoup de personnes s'accrochent à l'ancien plutôt que de le lâcher pour s'avancer joyeusement vers le nouveau. Trouvez le moyen de transformer l'énergie de la peur. Pour certains, le seul moyen acceptable d'éviter ce sentiment de peur, c'est de cesser de vivre tout simplement. C'est d'éviter de se laisser vivre la vie grandiose qu'ils imaginent pouvoir vivre.

Vous voulez transformer l'énergie de la peur, non pas en vous focalisant sur elle, mais en luttant contre elle et en vous forçant à aller au-delà de votre peur. Ce que beaucoup de personnes font. La société érige des statues pour célébrer l'audace des personnes qui ont combattu leur peur. Vous voulez au contraire porter votre attention sur ce qui ne vous fait pas peur, c'est-à-dire sur la passion que vous ressentez. Vous sentir et vous savoir déjà dans ce rêve imaginé et réalisé, pour perpétuer en vous la certitude de pouvoir atteindre votre rêve sans lutte, sans difficulté, sans crainte, sans jeu de pouvoir, sans obstacle et sans limites.

Sortez de la peur du changement pour entrer dans la confiance en votre vie nouvelle. « Je sais que cette vie nouvelle ne peut que m'être belle, qu'elle ne peut que m'apporter tout ce que je désire et tout ce qui est bon pour moi. Tout ce qui vient à moi ne peut qu'être bon. » Cultiver cette croyance vous permet d'attirer de plus en plus de personnes et de situations qui sont bonnes pour vous. Avec le recul, vous verrez que tout ce que vous attirez est bon et porteur pour vous.

11. Voici la question primordiale à mon sens : « Dois-je accomplir mon rêve, dois-je atteindre mes objectifs pour être heureux ici et maintenant ? »

_____

_____

Faites-vous le choix d'entrer dans cet état d'humilité silencieuse, cet état de paix toute simple où vous ne frappez plus du tambour pour saluer la manifestation de votre rêve ? À mon sens, c'est l'étape ultime. L'harmonie et la paix s'installent lorsque nous vibrons l'état de simple acceptation de ce qui est, en ne soulignant pas nécessairement le succès et en ne soulignant certainement pas ce qui peut nous paraître un échec, un obstacle ou un contraste. Accepter tout ce qui est, dans la constance paisible et aimante, sans pression du concierge qui veut toujours tout contrôler et gérer dans son microcosme, à sa manière très limitée. Rentrez dans votre temple intérieur et attirez le vrai bonheur, le bonheur durable.

Dès que vous lâchez prise sur la manière précise dont vous voulez que votre avenir se déploie, vous offrez plus de latitude à l'Univers qui peut alors tout accomplir selon ses grandes voies, les voies variées de tous les possibles, sur un plan beaucoup plus élevé, celui de l'aigle qui plane au-dessus des tempêtes et celui de la partie divine en vous, de votre âme qui envisage tout de très haut.

Maintenant que ce processus est terminé, posez-vous la question suivante et laissez venir la réponse en vous : « Et si ma vraie tâche ici sur cette terre était simplement d'être qui je suis déjà, et ce, dans ma nature essentielle, dans mon essence, avec ou sans la manifestation de mes buts spécifiques ? Si être l'essence de qui je suis suffisait ? »

⇨ Soyez simplement cette essence. Soyez ce grand être que vous êtes venu incarner ici et à qui vous offrez la possibilité de se développer encore et encore tout au long de votre vie terrestre. Rappelez-vous que votre vie n'a pas besoin d'être dure et difficile. Vous pouvez créer la joie en adoucissant votre chemin. Comment ? Par exemple, lorsque des personnes sont désagréables avec vous, vous avez le choix soit de leur répondre avec colère et avec rudesse, soit de vous adoucir au point de les considérer avec une profonde compassion en voyant leur potentiel divin. Voir avec les yeux de la Source. Voir la lumière de ces personnes, malgré les mots blessants. Vous débranchez votre énergie de la leur à partir de votre concierge et cela vous permet d'entrer en rapport avec ces personnes par le cœur, à l'aide de votre âme. Vous sortez du plan vibratoire très bas où leur concierge a réussi à vous amener, vous vous élevez et vous les inspirez peut-être à s'élever avec vous, jusqu'à l'âme, dans le cœur aimant.

Plusieurs d'entre nous pensent devoir exercer un énorme contrôle sur leur Énergie, alors que s'ils vivent en accord avec leur but élevé, ils vivent en harmonie avec leur énergie sans devoir la contrôler. Le but de ce livre et des cours que j'offre est de vous inspirer à ne plus avoir besoin de contrôler votre énergie, parce que vous vibrez au jour le jour votre passion et vos buts élevés. Dès lors, en vibrant ces buts élevés, vous êtes constamment aligné sur l'énergie aimante de votre âme et vous n'avez plus besoin de contrôler vos émotions.

Concrètement, cela signifie que vous ne serez plus tenté de revivre des situations qui n'ont pas été sources de joie pour vous dans le passé. Vous ne perdrez plus de temps avec votre mental dans ces moments-là.

⇨ Émettez votre son personnel. Chantez pour vous recentrer, par exemple. Soyez authentique. Redevenez authentique. Soyez vous-même. Et voyez combien votre mental se clarifie et se libère lorsque vous chantez, lorsque vous émettez votre son à vous, votre son unique et authentique. Plus vous explorerez votre vibration, plus vous trouverez la note qui est en harmonie avec votre être, cette note qui est la vôtre. Nous sommes tous des diapasons. Nous émettons tous une fréquence. Quelle est votre fréquence ? Quel est le son de cette fréquence ? Trouvez-le et exprimez-le de plus en plus.

⇨ Le son « OM » nous permet de revenir au son primordial et d'installer la paix en nous de manière constante. Avant d'installer le son « OM », trouvez votre son à vous. Ce n'est pas quelque chose que vous pouvez apprendre, c'est quelque chose que vous voulez trouver par vous-même. Plus vous chanterez cette note, plus vous créerez l'harmonie en vous. Règle générale, ce son est paisible, joyeux et agréable, et vous vous sentirez toujours mieux après l'avoir chanté ou fredonné.

⇨ Entrez à l'intérieur de vous-même un instant et sentez votre énergie ici et maintenant à la lecture de ces lignes. Puis, laissez venir à vous une image, un symbole, un sentiment ou un mot qui représente votre but actuel. Sur quoi est centrée votre évolution durant cette vie ici ? Où voulez-vous progresser ? Que désirez-vous créer dans ce monde de la matière, ici et maintenant, à ce stade-ci de votre évolution ?

Le but de votre âme représente toujours une activité que vous adorez, qui vous fait vibrer, qui vous passionne. Soyez plus conscient de vos buts. Prenez tout cela comme un jeu et jouez ce jeu le cœur léger. Votre but vous apporte toujours les plus belles énergies de la vie, par exemple un contact très intime avec la personne que vous aimez, ou une forme d'entente joyeuse, très joyeuse même, dans un groupe d'amis, ou une focalisation et une légèreté dans votre travail. Vous pouvez vibrer la joie la plus constante possible lorsque vous êtes en accord avec le but de votre âme.

Le manifester, c'est croire en vous et en la beauté et la bonté de l'Univers. Si vous devez prendre une décision par rapport à la matérialisation de votre but, il est important de croire en vous et de faire confiance à l'Univers. Il y a tant d'amour et tant d'êtres vivants que vous pouvez rencontrer pour partager cet amour. Il y a tant d'argent dans la société que nous pouvons créer tous les buts que nous voulons nous fixer. Développez cette conviction intérieure tout au long de votre vie.

Demandez-vous ce qui se passerait si chacune des cellules de votre corps était en relation avec le but de votre âme. En gardant ce but idéal dans votre cœur, vous affinez la vibration de votre corps physique, vous élevez vos pensées et vous vous pacifiez de l'intérieur. Le processus consiste à atteindre votre être intérieur, à l'exprimer et à vous élever vibratoirement.

Trouvez la lumière, vivez dans la joie, joignez votre être supérieur et unissez-vous en esprit à tous les niveaux de votre être. Vous voulez que les deux polarités de votre être, petite personnalité et grande personnalité, se relient. Nous avons tous la capacité de nous harmoniser nous-mêmes et d'inspirer autrui à s'harmoniser. Nous désirons tous le faire.

⇨ Un de ces matins, éveillez-vous et imaginez que vous tenez entre vos mains le but pour lequel vous vous êtes incarné sur le plan terrestre. Portez-le jusqu'à votre cœur, éclairez-le de lumière et demandez l'aide de la partie divine en vous et de la Source. Puis, sentez votre énergie s'intensifier. Adressez à l'Univers un message qui exprime votre désir profond d'évolution. À partir de là, vous recevrez beaucoup d'occasions de grandir et d'évoluer et vous disposerez toujours des capacités, des ressources, des compétences pour faire face à n'importe quelle situation.

N'oubliez pas que le bien-être existe en abondance sur cette planète. Tout dépend de ce sur quoi vous portez votre attention. Faites le choix d'être attentif à ce qui est porteur pour vous. Cela ne veut pas dire être indifférent à ce qui se passe à d'autres niveaux. Il s'agit de reconnaître les niveaux de fréquence différents de celui que vous avez choisi. Vous avez toujours le choix de porter votre attention sur ce qui vous fait du mal, et de contribuer à cocréer ce qui se produit sur ces plans de conscience, ou, au contraire, de porter votre attention sur ce qui vous fait du bien et même plus que du bien et d'être un agent de l'Univers qui cocrée ce niveau de fréquence plus élevé. Vous pouvez aussi porter votre attention sur les niveaux de conscience où la vie semble beaucoup plus difficile à vivre – je pense à ce qui se passe à Haïti en ce moment – et à partir de ce que vous ressentez comme mal-être, transformer ce mal-être en une vision beaucoup plus porteuse pour vous en tant que cocréateur de l'expérience et pour les personnes qui vivent ce mal-être physiquement et concrètement sur le terrain. De cette manière, vous contribuez à l'élévation des consciences.

Il s'agit d'un choix, un choix de vibrer d'une certaine manière qui soit porteuse et bénéfique pour vous. En étant dans cette vibration haute et bénéfique pour vous, vous inspirez d'autres personnes à focaliser leur attention sur ce qui est haut et bénéfique pour elles et vous cocréez un monde où nombre de manifestations concrètes et visibles sont le reflet d'une vibration plus haute, plus bénéfique et plus aimante à tous les niveaux.

Lorsque votre regard se porte sur des plans de manifestation moins bénéfiques et moins agréables à observer et à vivre, utilisez votre niveau de conscience élevé pour y insuffler une vibration élevée de mieux-être, de potentiel créateur, de reconnaissance, de pouvoir de création de chaque personne qui vit ce mal-être ici et maintenant. C'est votre manière à vous d'apporter votre contribution élevée à cette planète et à l'Univers tout entier.

Ce n'est pas en déplorant ce qui se passe là-bas, en plaignant les personnes qui vivent cette situation, en pleurant sur leur sort, en trouvant cela horrible, en dénonçant, en luttant, en amplifiant les horreurs et les catastrophes qui se passent sur la terre ou à cet endroit en ce moment, que vous aidez ces personnes et que vous vous aidez vous-même. Veillez à observer tout ce qui se passe dans votre réalité physique, par l'entremise de la télévision et des journaux éventuellement, tout en restant sur votre plan élevé d'évolution et de conscience et en insufflant cet amour universel, cette compassion qui fait de vous un phare grâce auquel les gens se sentiront inspirés à s'élever plus haut sur le plan de leur conscience et de la manifestation concrète de ce qu'ils vibrent.

Vous vibrerez intensément le feu sacré que vous avez découvert !

Chapitre 5

NOURRIR SON FEU SACRÉ

Lorsque vous adoptez l'idée que le but de votre âme est de vibrer la joie et que chaque instant est un don qui vous montre la voie de votre accomplissement, vous assistez à la manifestation d'événements « magiques » dans votre vie.

Comme vous le savez, tout ce qui nous entoure existe en tant que partie de la substance informe, que l'on appelle aussi souvent la Source ou Dieu. La Source est cette essence non manifestée, ou substance, dont sont issues toutes les formes physiques. Nous faisons tous partie de cette intelligence infinie qui, elle, est la perfection. Cette intelligence crée parfaitement tout ce que nous pensons, imaginons et expérimentons dans notre vie sur le plan physique.

Nous pouvons apprendre à nous plonger dans cette intelligence supérieure pour en recevoir tous les composants illimités que nous désirons expérimenter: la santé parfaite, l'abondance illimitée, de nouvelles idées illimitées, des connaissances infinies et tout ce que nous voulons recevoir. La Source est perfection et crée toujours parfaitement ce que nous pensons.

Comment utiliser au mieux et très concrètement cette force omnipotente et omniprésente?

Apprenez d'abord à penser à ce que vous voulez plutôt qu'à ce que vous ne voulez pas, puisque l'intelligence divine crée toujours ce que nous pensons. Centrons-nous fermement sur nos visions, nos espérances, nos rêves et nos buts et soyons déterminés à les réaliser.

La détermination entre dans l'équation parce qu'elle nous sert de carburant énergétique pour nous permettre d'avancer tout au long du processus de création. Dès lors, soyons déterminés et cultivons cette détermination. Permettons aussi à notre mental, ou à notre concierge, d'être sous la direction de notre grand « moi », plutôt que l'inverse. Ne soyons pas sous la direction de notre mental. Laissons-le se soumettre à notre grand « moi » et entretenons des pensées claires, positives et créatrices ou porteuses. Imaginons que notre réalité est juste un rêve. Nous avons embelli notre rêve à l'aide d'éléments très pragmatiques : notre maison, notre travail, nos possessions matérielles, nos comptes en banque. Tout cela reflète ce que nous pensons pouvoir obtenir.

Or, notre réalité est une illusion. C'est un rêve. Nous attirons des personnes qui jouent des rôles complémentaires et qui agissent comme des miroirs pour nous permettre d'apprendre beaucoup plus de choses sur nous-mêmes. Elles viennent nous montrer ce que nous désirons développer et transformer en nous. Ces personnes sont des acteurs dans notre expérience de vie. Elles répondent toujours à une demande de notre part – inconsciente ou consciente –, comme tout ce que nous observons dans notre réalité physique, d'ailleurs. En observant notre réalité, nous pouvons comprendre et connaître les pensées que nous entretenons, les émotions que nous avons tendance à cultiver et à entretenir, parce que nous les voyons se concrétiser tout autour de nous.

Comme notre réalité est notre rêve – un rêve souvent créé par défaut –, nous pouvons rêver à notre guise, selon notre volonté propre, indépendamment des opinions, des tendances, de la conjoncture, etc. Nous pouvons changer de scénario chaque fois que nous le désirons et faire en sorte que notre rêve corresponde de plus en plus à ce que nous voulons. Dès lors, ce rêve s'affine pour devenir la correspondance exacte de ce que nous désirons vivre et être. Nous pouvons avoir tout ce que nous voulons, au service de ce qu'il y a de meilleur en nous.

Vouloir plus d'argent, une meilleure santé, plus de succès, plus de relations harmonieuses vise toujours à aller vers le meilleur de nous-mêmes, à donner le meilleur de nous-mêmes et à nous élever de plus en plus haut sur la spirale de notre grandeur. La réalité n'est pas aussi rigide ou fixe que nous pourrions le croire. Nous pouvons modifier les circonstances beaucoup plus facilement que nous le pensons. Nous pouvons vivre dans un monde de joie, de sourires, de paix, d'abondance et plus encore, si tel est notre désir, puisqu'il n'y a pas de limites à tout ce que nous pouvons recevoir. Nous pouvons créer délibérément ce que nous voulons. La trame de l'Univers prendra la forme de ce que nous émettons comme vibration. Elle épousera toutes les nuances de nos désirs. Nous pouvons créer des miracles en jouant avec l'intelligence divine ou l'énergie suprême. Aussi, comment nous brancher à la Source et utiliser ce contact avec elle pour créer tout ce que nous désirons ?

D'abord, en reconnaissant que nous sommes toujours en contact avec elle puisqu'elle crée tout ce à quoi nous pensons. L'intelligence divine est toujours en contact avec nous. C'est nous qui oublions parfois que nous sommes en contact avec elle et, de ce fait, nous créons par défaut parce que nous ne faisons pas attention à ce que nous demandons. Nous pouvons apprendre à mettre notre volonté en contact avec la Source par l'intermédiaire de la cocréation énergétique, avant même d'agir pour créer ce que nous désirons. C'est un peu trouver une manière de nous harmoniser pour recevoir l'inspiration avant d'agir. C'est un peu ne plus agir en réaction à ce qui se passe dans notre vie ou à ce que nous observons et que nous ne voulons plus.

Par exemple, j'ai perdu mon emploi et je réagis en postulant un peu partout pour obtenir n'importe quel emploi. C'est une réaction et non pas une action inspirée. Ou encore, j'ai envie d'obtenir un emploi bien précis dans mon entreprise et j'agis en faisant pression sur toutes les personnes que je connais dans la société afin d'avoir le poste que je désire. Là aussi, nous déployons une énergie de réaction et de lutte.

Si vous voulez entrer dans l'énergie de l'action inspirée, dites : « Je m'aligne sur l'intelligence divine et je sais dès lors que mon désir est déjà réalisé. Je sais que l'emploi qui me convient, que ce soit dans cette société ou dans une autre, est déjà là pour moi. En cultivant ma connexion avec la Source, je reçois des inspirations parfois étonnantes pour mon mental, mais jamais anodines. » Ces actions inspirées ont toujours un sens.

La Source contient l'essence non manifestée de toutes les formes physiques avant qu'elles n'apparaissent dans notre réalité physique. Avant même qu'elles ne se matérialisent, l'essence de ces formes est déjà présente. En jouant consciemment avec l'énergie divine, nous jouons consciemment avec la Source. La Source et l'Énergie, ce sont exactement les mêmes choses, mais pour certains, il peut être intéressant d'utiliser une image. Imaginez l'électricité qui circule un peu partout dans votre maison et qui alimente les appareils ménagers que vous utilisez. Vous pouvez utiliser cette énergie à tout moment et lui permettre de prendre forme dans l'appareil dont vous avez besoin pour cultiver votre bien-être. Cet appareil peut être un emploi, plus d'argent, des relations harmonieuses.

Le jeu auquel vous voulez jouer avec l'énergie divine implique d'utiliser la pensée, l'imagination et la visualisation avant toute action. Pour vous harmoniser, vous voulez utiliser ces trois outils, ou l'un ou l'autre. Vous utiliserez ainsi le pouvoir de la lumière. En utilisant l'énergie divine de la lumière, de l'attraction, nous restons alignés sur la Source et sur la partie divine en nous et nous obtenons les résultats voulus.

Nous pouvons utiliser l'énergie divine en ayant recours à l'outil de l'imagination pour transformer ce que nous désirons en schémas, en couleurs, en symboles ou même en sensations. C'est sur le plan de la vibration que nous attirons les choses. Par exemple, vous désirez attirer un certain type de fonction dans une société, vous pouvez représenter cette fonction par un symbole qui vous permettra de ressentir ce que vous voulez vibrer lorsque vous donnez le meilleur de vous-même dans cette fonction. Vous imaginez ce schéma ou ce symbole devenant plus beau, plus ouvert, plus harmonieux. Vous apportez des nuances au symbole choisi. En jouant ainsi avec l'image de ce que vous désirez créer, vous jouez avec l'énergie suprême de la Source.

Une fois que nous apprenons à jouer avec l'énergie et que nous y ajoutons la lumière, il n'y a plus de limites à ce que nous pouvons créer. N'oubliez pas que la vitesse de la lumière est la vitesse la plus rapide qui soit. À partir du moment où vous associez la visualisation ou l'imagination à la lumière, vous sortez du temps limité créé ou imaginé par l'homme et vous entrez dans le temps illimité et instantané. Il n'y a plus de limites à ce que vous pouvez créer.

En jouant ainsi avec l'énergie avant de vous lancer dans l'action, les événements, les circonstances et tout ce que vous désirez dans votre vie arriveront plus rapidement et dans de meilleures conditions parce que vous agissez directement sur l'essence de ce que vous désirez attirer. Vous apporterez dès lors ces choses à vous sous leur forme la plus élevée.

⇨ Vous voulez recevoir le meilleur et vibrer le meilleur ? Vibrez la lumière, qui est la plus belle des vibrations, pour attirer les plus belles formes qui soient.

Créer avec l'énergie peut produire des résultats tellement immédiats et puissants que beaucoup de personnes diront : « Mais, c'est comme accomplir des miracles ! » Vous accomplirez des miracles à partir du moment où vous associerez la vibration de la lumière à votre imagination, à vos visualisations ou à vos pensées.

Avant de jouer avec l'énergie, concentrez-vous sur les résultats que vous voulez créer. Puis, imaginez votre aura mentale lumineuse se propageant vers le haut, se reliant au plan supérieur et s'affinant à mesure qu'elle s'élève. Un peu comme une trame de lumière dont les fils se resserrent et s'affinent dans les dimensions élevées. Trouvez votre manière de vous représenter cette *reliance* (connexion) sur les plans supérieurs. Élevez votre conscience à l'aide de cette trame qui s'affine et imaginez que vous accédez aux aspects les plus élevés de l'intelligence divine. Imaginez que vous rencontrez ce que vous voulez créer sur le plan de l'énergie suprême. Vous sortez du mental et vous allez, sur le plan de l'Énergie de la Source, au rendez-vous de ce que vous voulez créer et qui est déjà créé à un certain niveau de fréquence. Tout est déjà là.

Mentalement, vous imaginez que la trame qui s'est affinée vous mène à l'image très précise et très détaillée de ce que vous désirez créer – votre vision ultime – puis que cette image se transforme tout doucement en particules de lumière sur lesquelles vous vous harmonisez et qui vous imprègnent profondément. Vous les recevez jusqu'au plus profond de votre être.

Vous nourrissez votre image de lumière et l'image de lumière affinée, correspondant exactement à ce que vous désirez, vient vous nourrir en retour, en vous habitant et en s'incarnant en vous. Vous pouvez apprendre à jouer avec cela en quelques secondes et créer des résultats surprenants et rapides. Jouez avec cet outil dès que possible !

Profitez des moments où vous ne faites rien. Trouvez le moyen, surtout si vous travaillez, de prendre au moins cinq minutes par jour pour ne rien faire et jouer avec cet outil. Vous choisissez un, deux ou trois désirs que vous voulez attirer dans votre vie rapidement. Vous imaginez cette trame de lumière qui s'affine vers le haut, vous créez l'image mentale de ce que vous désirez attirer, que vous voyez se transformer en particules de lumière qui redescendent s'incarner en vous.

Voici un exemple très concret d'utilisation de cet outil. Un jour que je me trouvais dans une file d'attente au bureau de poste et que tout le monde s'énervait et s'impatientait autour de moi, j'ai choisi de me centrer sur ce que je désirais : que la file avance beaucoup plus rapidement et que les personnes autour de moi se sentent en paix. J'ai imaginé une trame de lumière autour de moi se propageant vers le haut et s'affinant, brillant de plus belle à mesure qu'elle s'élevait. J'ai ensuite visualisé à quoi ressembleraient énergétiquement les résultats que je désirais obtenir. J'ai vu ainsi des cercles d'harmonie de rose se diffuser autour de moi. J'ai ajouté de la lumière à cette image et ces cercles sont devenus extrêmement lumineux. Ce travail énergétique ne m'a pris que quelques secondes et le résultat fut incroyable. Immédiatement après avoir ajouté de la lumière à mon image, trois personnes devant moi ont décidé de quitter la file, deux employées sont arrivées pour ouvrir de nouveaux guichets et tout le monde s'est calmé. J'ai été servie immédiatement et j'ai pu quitter les lieux dans les minutes qui ont suivi.

Vous obtenez des résultats très rapides dès lors que vous associez la lumière – l'Énergie de la Source – à l'image de ce que vous désirez créer.

Nous ne savons pas comment l'Univers agencera les choses pour nous. Nous ignorons quatre-vingt-dix-neuf pour cent de ce qui est possible pour l'Univers. Nous n'envisageons que ce que notre mental observe.

⇨ Faisons davantage confiance à ce que nous ressentons et à ce que nous désirons, en sachant que tous nos désirs se réalisent instantanément, et laissons l'Univers tout agencer pour nous.

Lorsque nous jouons à utiliser l'énergie de cette manière, nous sentons littéralement que nous façonnons et modelons nos désirs. Nous sentons que nous donnons une forme à cette énergie selon les images et les ressentis que nous envoyons. Dès lors, nous pouvons créer des résultats incroyables en imaginant que nous jouons avec l'énergie de ce que nous voulons créer.

Je vous donne un autre exemple édifiant. Une participante à un atelier m'explique qu'un jour elle avait essayé de louer une voiture pour pouvoir se rendre au travail et prendre ses enfants à l'école parce que sa propre voiture venait de tomber en panne et qu'elle ne voyait pas d'autre solution. Un ami la conduisit à la gare de TGV la plus proche où elle s'est adressée à toutes les agences de location de voiture présentes sur le site, mais partout on lui donnait la même réponse : impossible de lui louer une voiture, car elle n'avait pas de carte de crédit. Sur le point d'abandonner ses recherches, elle décida de réfléchir à ce qu'elle pouvait faire d'autre – en réaction à un contraste – et elle s'est rappelé qu'elle pouvait se brancher à l'intelligence divine et jouer à attirer ce qu'elle désirait sur le plan de l'énergie. Dans le stationnement d'une des agences, elle a pris le temps de se centrer sur les résultats qu'elle désirait obtenir : quitter la gare de TGV avec une voiture de location. Elle imagina ensuite son aura telle une trame lumineuse, éleva sa conscience à travers cette trame vers des sphères supérieures où elle a pu « ressentir » l'énergie – l'essence – de ce qu'elle désirait. Or, elle ressentit une forme de rigidité dans cette essence. Elle visualisa immédiatement l'énergie qui se déploie, cette rigidité représentant probablement sa propre rigidité limitée du fait de croyances aliénantes. Elle permit à l'énergie d'assouplir la rigidité en elle, plaça de la lumière dans et autour de son image, jusqu'à ressentir un déclic presque physique. Ensuite, elle s'est sentie poussée à retourner dans l'une des agences qui avait refusé de lui louer une voiture. En entrant dans cette agence, elle vit un autre employé installé derrière le comptoir, qui trouva le moyen de lui louer une voiture en lui avouant qu'il ne comprenait pas pourquoi il faisait une exception.

L'énergie, dès lors que vous y êtes harmonisé, a un impact très fort sur les personnes et les circonstances de votre expérience, sur les personnes qui y sont ouvertes bien sûr, puisqu'elles bénéficient toujours du libre arbitre. Sachez avec certitude que l'Univers placera toujours les bons agents au bon endroit et au bon moment pour vous.

Voici un autre exemple très pratique et intéressant pour les personnes qui ont lancé leur activité ou qui aimeraient développer une activité. Au début de mon parcours professionnel comme entrepreneure indépendante, j'ai désiré attirer une clientèle beaucoup plus importante par mon site Internet. J'avais fait beaucoup de publicité et des campagnes de *marketing* qui m'avaient coûté cher et rapporté peu. J'ai donc décidé de jouer avec ce que je voulais attirer : plus de participants sur un plan énergétique. Je suis sortie de la vibration de mon mental, de la réaction « logique », de la vibration du faire, et je suis entrée dans la vibration de l'être en jouant au jeu décrit plus haut. Je me suis assise au calme, j'ai élevé ma conscience à travers ma trame de lumière qui s'affinait vers le haut pour me mettre en contact avec l'intelligence divine et avec l'énergie de ce que je désirais créer : plus de participants. J'ai ensuite imaginé un arc-en-ciel qui partait de mon cœur et se dirigeait vers tous ceux que je voulais « joindre ». C'est une très belle image, n'est-ce pas ? C'est un très beau symbole qui s'est imposé à moi. Puis, j'ai rendu cette visualisation encore plus vivante et plus forte en imaginant une musique qui m'apportait un ressenti de bien-être chaque fois que je me branchais à ces personnes. *Simply the Best*, de Tina Turner, tournait en boucle dans ma tête. Ensuite, j'ai transmis de la lumière à chacune des personnes, de mon cœur vers le sien, en lui disant mentalement que j'étais prête à l'accueillir et à la servir. En une semaine, après avoir joué à ce petit jeu énergétique, de nombreux nouveaux membres ont visité mon site, se sont inscrits à ma feuille d'informations et m'ont jointe sans qu'aucune publicité particulière n'ait été faite. Mon site a pris son envol ! Plusieurs idées nouvelles me sont venues à l'esprit concernant mon activité et lorsque j'ai réalisé ces actions inspirées, j'ai vu augmenter encore de façon considérable le nombre des membres du site.

Voilà ce que vous voulez faire : trouver le moyen de vous aligner sur l'essence de ce que vous désirez créer avant d'agir d'une manière ou d'une autre. Vous voulez vous laisser inspirer l'action à entreprendre. Tous ces exemples nous permettent de voir de manière très concrète à quel point ce jeu qui paraît simple et banal, peut-être même dérisoire aux yeux de certains, a des retombées rapides et considérables dans tous les domaines de la vie. Unissez-vous à l'énergie, à l'essence de ce que vous voulez créer, intégrez-y la lumière et vous recevrez ce que vous avez demandé.

N'oubliez pas que tous vos désirs sont déjà disponibles en essence. Vous voulez aller à la rencontre de cette énergie supérieure lumineuse et essentielle pour pouvoir la recevoir et l'incarner. Vous voulez arriver à ce que votre image soit la prochaine étape logique sur votre parcours. Pour ce faire, il est important que votre vibration se soit tellement familiarisée avec l'image rêvée, que l'Univers ne puisse que vous l'offrir.

Vous pouvez recevoir tout ce que vous demandez. Plus vos pensées se déploient, plus la réalité que vous créez se déploie aussi. Laissez vos pensées s'épanouir, laissez-les s'ouvrir, laissez-les s'embellir, et votre réalité s'épanouira, s'ouvrira et s'embellira également, puisque l'intérieur crée l'extérieur.

Votre créativité et votre imagination sont deux clés majeures pour améliorer votre réalité. Vous avez besoin de créativité pour jouer avec l'énergie. Vous avez besoin de votre imagination pour visualiser les résultats que vous voulez obtenir. Lorsque vous utilisez votre créativité et votre imagination, vous repoussez les limites contraignantes de ce que vous croyez pouvoir recevoir, de ce que la société croit que vous pouvez recevoir, de ce que le système croit que vous pouvez recevoir, de ce que votre famille croit que vous pouvez recevoir, de ce que votre entreprise croit que vous pouvez recevoir, et vous créez la vie idéale que vous voulez vivre.

Nous avons tous vécu des moments de créativité, des éclairs intuitifs soudains, la vision d'un nouveau projet, des jaillissements d'inspiration. La seule différence entre les personnes qui pensent qu'elles sont créatives et celles qui pensent qu'elles ne le sont pas se situe dans leur croyance à propos de la créativité. Commencez par penser que vous êtes une personne créative. En affirmant : « Je suis créatif », vos cellules le comprennent instantanément. Si vous dites : « Je ne suis pas créatif », vos cellules le comprennent instantanément aussi. Vous voulez créer la personne créative et imaginative que vous souhaitez être et la personne puissante que vous désirez être. Vous avez la capacité de laisser surgir des idées qui vous mèneront vers des sommets dans votre vie et dans votre travail. Vous voulez continuer à monter délibérément sur les différentes spires de votre spirale d'évolution.

⇨ Arrêtez-vous quelques minutes et pensez à une chose que vous voulez transformer. Une fois que vous avez une idée, jouez le jeu. Soyez créatif et visualisez quelque chose de mieux encore que ce que vous avez imaginé dans ce domaine.

Imaginons que j'aie publié un livre et que je désire en publier un deuxième. J'utilise ma créativité pour développer et étendre cette vision en me disant peut-être : « Je choisis de publier cent livres, et je désire que tous mes livres soient des livres à succès. » Cela vous aidera à sortir de votre zone de confort. Vous pouvez aussi passer de deux livres à cinq livres, ou à dix livres. Trouvez le moyen d'élargir un tant soit peu votre zone de confort.

Pourquoi ? Pour ne pas continuer à considérer vos conditions habituelles comme les meilleures que vous puissiez avoir. Choisissez de ne plus entretenir la croyance qui dit : « Je dois me contenter de ce que j'ai parce que je ne pourrais pas avoir mieux. » Au contraire, vous voulez toujours demander mieux et plus parce que c'est le propre de la vie dans cet Univers, c'est-à-dire vouloir toujours le meilleur, quelque chose de mieux, quelque chose de plus grand, quelque chose de plus beau. Ce n'est qu'ainsi que nous nous permettons d'évoluer au rythme de la Source. Nous ne pouvons faire autrement que de vouloir quelque chose de mieux. Cela fait partie de nos gènes vibratoires. C'est la nature de la substance informe.

Ne croyons pas les autres lorsqu'ils nous disent que certaines choses sont impossibles à créer. Nous voulons sortir de ces limitations. Lorsque nous savons comment créer avec l'énergie et la lumière, tout est possible. Nous pouvons tout créer. Dès lors, croyons en notre succès et visualisons-nous en possession de ce que nous voulons.

Comment faire ? Apprenons à utiliser notre imagination. Nous avons la capacité de visualiser quelque chose qui n'existe pas encore dans notre réalité. C'est une capacité que nous possédons et que nous pouvons développer. Nous pouvons penser à avoir plus que ce que nous avons maintenant. Cela fait partie de l'essence même de l'Univers. Nous n'aurions pas la capacité d'étendre l'imagination de nos désirs si ce n'était pas possible ou si c'était dérisoire. Nous détenons cette capacité parce que nous pouvons le faire. Nous avons le pouvoir de créer exactement ce que nous voulons et cela a un sens. Le sens de vouloir toujours quelque chose de plus développé et de meilleur. C'est expérimenter la joie sous une nouvelle forme. Une forme plus belle, plus grande, plus évoluée, plus élevée.

C'est le seul but de notre vie sur cette terre et le seul but du lancement de tous nos désirs. Notre imagination transcende le plan physique et nous relie à l'intelligence divine où tout est possible. C'est notre imagination qui fait le lien entre les deux. Elle nous branche avec tout ce que nous désirons sur le plan de l'énergie. Elle joue avec l'énergie. Elle y ajoute de la lumière et puis l'amène rapidement et facilement dans notre réalité. L'Univers et tous ses agents font tout cela pour nous, grâce à notre imagination. Prenons le temps de rêver. Prenons le temps de nous détendre et de penser à ce que nous voulons créer. Commençons à penser de manière nouvelle, dans une direction nouvelle et illimitée, car les pensées sans limites nous mettront en contact avec une vision plus grande de notre vie, une vision sans limites, et nous permettront de nous unir à cette vaste vision de notre grand « moi ». C'est comme cela que nous devenons une grande personnalité, en ayant de grands rêves, en voyant grand.

⇨ Élargissons notre vision de tout ce qui est possible, pensons de manière positive et imaginons que nous avons plus que ce que nous avons maintenant.

Si vous voulez attirer une relation amoureuse plus tendre, visualisez cette relation comme vous la désirez plutôt que de rester focalisé sur la façon dont elle se déroule maintenant. Utilisez l'outil des aspects positifs. Vous voulez voir la relation telle que vous la désirez plutôt que de rester concentré sur tout ce qui ne va pas. Si vous voulez de l'argent, l'abondance, une âme sœur ou une bonne santé, imaginez que vous avez déjà cela et remerciez à l'avance votre grand « moi » de vous le donner. Remerciez, remerciez, remerciez et célébrez, célébrez, célébrez.

⇨ Travaillez sur le plan énergétique sur ce que vous voulez, et croyez que c'est possible. Utilisez les affirmations, ces phrases que vous énoncez au positif et au présent et qui affirment que vous avez déjà ce que vous voulez. Par exemple, dites : « Je suis maintenant éveillé », « je vis dans l'abondance », « je suis gentil, ouvert et plein d'amour ». Il en sera ainsi.

Et même si ce n'est pas vrai au moment où vous le dites, vos cellules, à force d'entendre répéter le son de cette vibration, deviendront ce que vous affirmez. Pour vous donner un exemple très personnel, dès que je me surprends à dire : « Je ne suis pas assez ceci », je le transforme en disant : « Je suis… ». Je le répète : « Je suis la grâce incarnée, je suis l'intelligence divine, je suis la joie de vivre, je suis l'enthousiasme communicatif. » Trouvez le moyen de devenir ce « je suis » en le répétant simplement. Vos cellules adoptent la vibration de ce que vous affirmez.

Ayez confiance lorsque vous affirmez quelque chose. Tout ce qui vous arrive alors vous prépare à recevoir ce que vous avez demandé. Vous vous familiarisez tout doucement avec le fait de recevoir votre désir grâce à ces étapes intermédiaires. En visualisant votre succès et en affirmant que vous l'avez déjà, l'intelligence divine œuvre à vos côtés. Elle vous soutient et crée parfaitement ce que vous pensez et ce que vous croyez. Parce que vous émettez déjà la vibration du succès et que vous l'affirmez comme il est, et ce, lorsqu'il est.

Ces dernières semaines, j'ai joué à un jeu très amusant qui consiste à me dire : « Dans les jours qui viennent, j'attire telle somme d'argent. » Juste pour jouer. Et j'ai commencé par demander mille cinq cents dollars. J'utilise ce jeu pour m'apprendre à lâcher prise. Parce que je me suis surprise ces derniers temps à regarder un peu trop souvent en arrière et à me dire : « J'ai lancé ce désir il y a plusieurs mois et il n'est toujours pas réalisé. Que se passe-t-il ? » Je me suis désalignée de mon désir de bien-être et j'ai décidé dès lors de retrouver la vibration du jeu par rapport à tout cela. J'ai joué à attirer une certaine somme en injectant de la lumière dans ma vision et mon ressenti. Je me suis dit très souvent : « Je suis la lumière, je suis la lumière divine, je suis la grâce divine, je suis l'intelligence divine, je suis l'abondance lumineuse. »

J'ai ensuite énoncé le désir d'attirer mille cinq cents dollars, et l'après-midi même, quelqu'un a viré cette somme, et même un peu plus, dans mon compte en banque en s'inscrivant à l'une de mes formations. Quelqu'un qui ne m'a jamais jointe pour prendre des renseignements, qui ne m'a jamais posé de questions par rapport à quoi que ce soit. La somme est venue seule. Là, maintenant, j'ai multiplié cette somme par dix et j'ai demandé à attirer quinze mille dollars. Les sommes que j'attire aisément tous les jours (de mille cinq cents à sept mille dollars) sont des étapes intermédiaires qui me permettent de me familiariser avec cette idée de recevoir quinze mille dollars dans la journée, par exemple. Cela prouve aussi que mon point d'attraction n'est peut-être pas suffisamment élevé encore pour me permettre de recevoir quinze mille dollars en un jour. Peu importe, le but, c'est de jouer et de s'amuser. Il y a des moments où j'attire facilement cent cinquante mille dollars, il y a des moments où j'attire facilement soixante-dix mille dollars et il y a d'autres moments où les doutes sont tellement présents, les peurs aussi, qu'il y a une forte résistance en moi qui m'empêche de recevoir ce que je demande.

Il est intéressant, dans ce cas, de revenir à des jeux d'enfants. Hier, ma fille me disait : « Maman, est-ce qu'on pourrait rejouer à ce jeu où l'on trouve une pièce par terre et où l'on dit : "Merci, l'Univers. Encore, encore, encore !" » Je lui ai dit : « Tu sais, moi, je joue à ce jeu tout le temps toute seule. » Elle me répond : « Oui, moi aussi, je ramasse les pièces, mais j'oublie de dire : "Merci, l'Univers. Encore, encore, encore !" », tout en sautant sur place, emplie de joie et de confiance. Mon désir est présent sur un plan énergétique plus élevé que ma vibration actuelle. La seule chose que j'ai à faire, c'est élever ma vibration actuelle pour recevoir ce que j'ai demandé :

⇨ Jouez à ces jeux. Trouvez un, deux ou trois désirs que vous voulez absolument réaliser. Commencez par quelque chose qui vous paraît réalisable très rapidement et étendez l'enjeu vers quelque chose qui vous paraît moins accessible. Imaginez un symbole ou une image sur le plan énergétique supérieur à votre trame lumineuse, puis intégrez la lumière dans chaque cellule de cette image pour qu'elle puisse descendre s'incarner en vous, pour que votre vibration puisse se familiariser avec la grande vision que vous voulez incarner.

Nous sommes l'être divin, nous sommes l'intelligence divine, nous sommes la substance informe qui est capable de tout, qui peut tout : la paix, l'abondance, la pleine santé, la joie de vivre et la liberté totale. Vivez avec cela et unissez-vous de plus en plus souvent à la Source par vos pensées et votre vibration. Puis, émerveillez-vous, comme l'enfant, de tout ce que vous arrivez à manifester dans votre vie. Vous nourrirez ainsi votre feu sacré un petit peu plus chaque jour.

Chapitre 6

ÉVOLUER GRÂCE À SON FEU SACRÉ

Lorsque vous comprenez que chaque étape de votre vie vous aide à mieux connaître votre véritable nature, votre vie ne peut que s'améliorer.

Faisons un grand saut, faisons un saut quantique, plus en avant dans notre carrière. Cette carrière que nous choisissons, pas seulement avec notre mental et notre concierge, mais aussi en nous branchant de manière inspirée à toutes les intuitions et au puits d'intelligence infinie auquel nous avons tous accès. Ce puits qui nous permet d'avoir une idée très claire de la manière dont nous pouvons mieux servir et mieux contribuer à l'élévation des consciences, toujours dans le seul but d'expérimenter la joie sous toutes ses formes grâce aux contrastes.

Il est important d'imaginer ce qu'il y a de meilleur pour nous et d'utiliser le mental, notre concierge, pour aller chaque fois plus loin et plus haut dans nos idées. Le mental a son rôle à jouer, parce qu'il nous permet de définir de manière logique et rationnelle comment accéder à une nouvelle étape et d'ouvrir la voie au canal de transmission de la nouvelle étape, la meilleure, la plus élevée, la plus intéressante, et la plus amusante aussi, pour chacun d'entre nous.

⇨ Laissez venir les premières images de votre souhait : le mental créera ces images qui pourront alors atteindre la lumière de votre âme, c'est-à-dire la lumière de votre être intérieur, du créateur, de l'auteur de tout ce que vous expérimentez dans votre vie. L'âme renvoie ensuite au mental de nouvelles visions. Il y a une espèce de dialogue entre notre concierge et notre âme qui part souvent de notre mental. Pensez et imaginez d'abord ce que vous désirez attirer, puis envoyez ces idées à l'âme qui pourra les développer et étendre leur ampleur.

Votre souhait peut sembler approprié au moment où votre concierge le formule, mais lorsqu'il se réalise, il se peut qu'il ne corresponde plus à votre attente. Parce que notre mental, en demandant une certaine chose, active les ressources de l'être divin en nous. Souvent, lorsque nous recevons la réponse, celle-ci est bien meilleure que ce que nous avions imaginé. L'être divin nous a apporté toutes ses ressources, toutes ses connaissances, toute sa sagesse infinie et a déployé notre vision bien plus loin que ce que nous pensions, au-delà des limites de notre possible, le possible limité de notre concierge.

Parfois, nous pouvons nous demander pourquoi certaines réponses mettent tellement de temps à venir. C'est tout simplement parce que franchir une étape demande un certain temps et dépend de notre capacité à créer.

Pourquoi cela demande-t-il un certain temps ? Non pas parce qu'il faut du temps à l'Univers pour mettre en place tous ses agents, mais bien parce qu'il nous faut du temps à nous pour nous familiariser avec cette nouvelle étape que nous voulons franchir. Cela nous demande un certain temps d'adaptation, de transformation de nos croyances aliénantes, de lâcher-prise et de laisser-être. Plus nous sommes dans la résistance par rapport à ce que nous voulons créer – parce que nous croyons que ce n'est pas possible de le créer, parce que nous croyons que nous n'avons pas reçu l'éducation nécessaire –, plus nous repoussons l'apparition aisée, facile et rapide de cette nouvelle étape.

Si vous examinez dans votre passé les demandes qui n'ont pas été comblées, vous vous apercevez qu'elles ne correspondent plus à vos désirs et que ce qui s'est manifesté était ce qu'il y avait de meilleur pour votre évolution à ce moment-là. Certaines de vos attentes ne seront comblées que bien plus tard. Il y a toujours une raison pour laquelle vous ne recevez pas tout de suite ce que vous avez demandé, soit parce que vous n'êtes pas vibratoirement accordé à votre désir réalisé, soit parce qu'il y a quelque chose de bien mieux qui vous attend, une occasion qui se présentera dans un futur proche. L'Univers a une vision panoramique de votre vie et se focalise uniquement sur elle.

La Source vous dit comment recevoir ce que vous avez demandé, non pas par la voix de votre concierge, mais par la manifestation de coïncidences ou par vos émotions. Après avoir utilisé votre concierge pour demander à l'Univers ce que vous désirez, restez à l'écoute des impulsions spontanées et créatrices qui vous arrivent. Même si elles ne semblent pas avoir un lien direct avec le but que vous voulez atteindre – c'est ce que j'appelle les actions indirectes –, réalisez-les, faites-leur confiance. Par exemple, il se peut que vous vous prépariez à attirer un succès financier, puis tout d'un coup, que vous décidiez de profiter de l'été pour aller étudier dans un autre pays.

En faisant confiance à cette impulsion intérieure qui, de prime abord, semble vous éloigner de votre but de succès financier, et en étudiant au soleil, dans la détente et le bien-être, il vous viendra peut-être une idée nouvelle qui vous vaudra bientôt un million de dollars et vous apportera toute la richesse que vous désiriez. Cette idée vous vient parce que vous vous êtes écouté et parce que vous vous êtes offert ce « luxe », cette parenthèse, cette halte de bien-être et de détente.

Votre âme ne cesse de vous indiquer la direction qui vous convient. Ayez confiance en vous et faites le grand saut pour suivre votre guidance intérieure, même si vous avez l'impression qu'elle vous éloigne en vous inspirant une action indirecte plutôt que directe.

Afin d'apporter un changement important dans votre vie, vous voulez transformer les croyances qui vous ont empêché de réaliser ce changement dans le passé. Elles vous ont aidé pendant tout ce temps, mais désormais, elles vous limitent et vous maintiennent dans une zone de confort dont vous vous sentez prêt à sortir. Pour faire sauter ces limites, choisissez et décidez de transformer vos croyances pour faire le grand saut.

Si vous êtes très clair par rapport à vos intentions, comme celle de passer d'une forme de prospérité financière à une autre ou d'un succès à un autre, il est important de faire certains changements en vous. Si vous êtes déjà arrivé là où vous voulez être sur le plan de votre personnalité, de vos émotions et de votre mental, vous n'avez pas besoin de faire quoi que ce soit. Tout est déjà là, mais si c'était vraiment le cas, votre désir serait manifesté. Vous posséderiez déjà ce que vous persistez à désirer.

Si ce désir n'est pas encore manifesté, c'est que sur le plan de votre personnalité, de vos émotions et de votre mental, il y a un travail de remontée à effectuer sur l'échelle des émotions, qui vous accordera à ce changement. Comme ce participant qui est venu me trouver un jour en me disant : « Je suis psychothérapeute. Je réussis bien depuis quinze ans. J'ai développé une activité sur le plan microéconomique et maintenant j'aimerais accéder au plan macroéconomique. » Tant que cette personne a l'impression de n'être pas encore arrivée à ce niveau macroéconomique, tant qu'elle calcule, qu'elle s'en fait, qu'elle se soucie de ce qu'elle doit faire pour y arriver, elle ne s'aligne pas sur son désir d'être quelqu'un qui connaît le succès macroéconomique.

Une fois que vous émettez un désir, alignez-vous immédiatement sur lui, parce que c'est ce que la partie divine en vous fait à tout moment. Elle cesse de regarder le passé et vibre le désir réalisé. Vous voulez faire la même chose. Cessez de regarder votre petite activité, réaliste, observable, ici et maintenant, et ne portez plus votre attention que sur la vision de votre macroactivité. Quelle forme prend cette macroactivité ? Qui êtes-vous dans cette vision ? Que faites-vous ? Combien de personnes voyez-vous par jour ou avec combien de personnes vous liez-vous par an ? Que faites-vous de vos journées ?

Oubliez ce que vous observez là, maintenant. Ce psychothérapeute qui disait : « Je reçois des personnes en tête-à-tête et j'aimerais élargir mon champ d'action » cessera de critiquer ou de juger le fait qu'il ne reçoit que des personnes en tête-à-tête. Il fera même un pas plus loin et décidera d'apprécier son activité microéconomique tout en gardant son cap et sa vision de peut-être commencer à donner des ateliers, des séminaires, à parler à des groupes, à parler à la radio et à la télévision. Il évoluera incidemment vers sa vision macroéconomique. Pour certains, la vision macroéconomique, c'est écrire un livre, être publié, voir son enseignement diffusé. Tout dépend de votre vision propre.

Lors d'un atelier, une personne m'a partagé ceci : « Je veux être millionnaire, mais pour l'instant je n'ai même pas de quoi payer mon loyer, mais, je veux être millionnaire. Je sais que c'est possible. Je veux que cela se produise très vite. »

Si cette personne croyait réellement qu'elle pouvait obtenir ce qu'elle demande, elle l'aurait déjà. C'est un énorme saut que cette personne veut faire. Elle n'a pas les moyens de faire face à ses obligations locatives actuelles et veut faire un énorme saut vers le million. C'est parfait. Ce désir puissant indique qu'il y a un potentiel puissant en elle. L'essentiel, c'est qu'elle élève sa vibration au point de se sentir déjà millionnaire. Sentir qu'elle peut faire face à ses obligations actuelles et cesser de dire qu'elle n'a même pas de quoi payer son loyer. Cesser de diffuser cette vibration d'impuissance et de manque d'abondance.

Lorsque vous demandez à l'Univers qu'un changement se fasse dans votre vie, cette demande passe de votre concierge à votre âme. Votre âme retransmet d'autres signaux à votre concierge pour lui montrer la meilleure manière d'obtenir ce changement. C'est comme cela que fonctionne le dialogue entre ces deux parties en vous. Le mental émet des idées, une demande de changement, et la partie divine en vous lui répond par des coïncidences, des signaux indiquant comment cela pourrait se mettre en place. Dès lors, vous voulez être très attentif à ces signaux pour pouvoir vous transformer à différents niveaux et permettre ce changement.

Si nous reprenons le désir d'un plus grand succès financier, la dame qui veut devenir millionnaire voudra apprendre quels sont les nombreux principes de la prospérité. Son âme la dirigera vers certains livres, un mentor ou des colloques qui lui enseigneront comment appliquer ces principes afin qu'elle puisse changer sa vibration intérieure de manque en une vibration d'abondance.

Et il se peut que cette personne ne soit pas prête à abandonner ses images passées liées à ce manque, à son « malheur », à son « infortune ». Il se peut aussi que son cœur ne soit pas suffisamment ouvert pour recevoir cette forme d'apprentissage, recevoir l'argent, ou l'abondance que lui offre l'Univers et ses agents, et qu'elle ne soit pas prête à « mériter » cet argent. Il se peut qu'elle entretienne une croyance liée au manque de mérite, au manque d'estime d'elle-même. Elle fera face à de multiples occasions de comprendre cela, de transformer ses croyances et de changer. Ces situations l'aideront à ouvrir davantage son cœur, car son manque de confiance en elle est peut-être si important que son succès devra attendre le développement d'une plus grande foi et d'une plus grande confiance en elle.

Lorsque vous n'entretenez pas un manque de confiance trop important, vous pouvez plus facilement remonter dans l'échelle des émotions et installer votre confiance en l'abondance des ressources infinies de l'Univers. Par contre, si votre manque de confiance et d'estime de vous-même est trop important, vous êtes trop bas dans l'échelle des émotions et l'abondance ne peut vous atteindre. Vous ne pouvez pas la recevoir.

Quelle que soit votre demande, il se peut que vous deviez laisser aller quelque chose pour recevoir la réponse à votre demande. Si vous demandez de l'argent, par exemple, vous voulez abandonner toutes vos images de manque et la façon de vivre qui reflétait ce manque. Il peut s'agir de votre manière de dépenser et d'acheter. Laissez aller l'ancien pour faire de la place au nouveau.

Les images de manque permettent souvent de cacher et de justifier un manque d'estime de soi-même, ou de justifier la croyance d'être une pauvre petite victime de la société. Êtes-vous prêt à abandonner cette façon de vous justifier pour vous responsabiliser par rapport à ce que vous vivez et reprendre les rênes de votre vie et de votre abondance ? Vous avez un beau travail intérieur à faire dès le moment où vous voulez faire le grand saut. Votre âme vous présentera des situations, des contrastes et des occasions pour vous permettre de progresser et vous aider à abandonner ces images de manque.

Par exemple, nous sommes en plein déménagement puisque nous allons nous installer à Avignon. Il y a de nombreux frais liés à cette expatriation. Les frais qui peuvent être évités le sont dès lors que les agents de l'Univers se placent au bon endroit, au bon moment, c'est-à-dire dès que nous purifions nos croyances limitatives : « Nous ne trouverons pas de locataires pour reprendre le bail à temps, donc nous risquons de devoir payer deux mois de loyer ici, deux mois de loyer là-bas. » Toutes ces situations m'ont permis d'aller chaque fois plus loin dans mon abandon à l'assurance de l'abondance infinie.

« Ma vision est claire, je sais où je veux aller, je sais où je suis et peu importe les sommes à payer, peu importe comment se placent les choses, c'est l'Univers qui s'en occupe. Ma seule intention, c'est de me sentir bien quoi qu'il arrive et de savoir que l'abondance infinie est là et que si cet argent est "dépensé" et me donne l'impression qu'il sort de mon portefeuille par un canal, il reviendra par un autre canal. C'est une circulation d'énergie et d'appréciation des services des déménageurs, du propriétaire qui s'occupe de la maison jusqu'à notre arrivée en France, etc. »

En m'abandonnant à cette vision d'abondance infinie, les agents de l'Univers se mettent en place pour éviter des situations difficiles et tout s'organise aisément et facilement. Ces circonstances me permettent d'aller chaque fois plus loin dans mon abandon à l'appréciation et à l'acceptation de ce qui est et de sortir des schémas de manque liés au fait, par exemple, que le 30 juin nous partons visiter la maison, inscrire nos enfants à leur nouvelle école et rencontrer les professeurs. Dès lors, nous devons louer un gîte pour quatre jours alors que nous aurons notre nouvelle maison dès le 15 juillet. Pour notre esprit logique, il est absurde de verser sept cents dollars pour un gîte alors que nous serons dans notre maison à partir du 15 juillet, mais pour l'Univers, cela n'a aucune importance. Pour l'Univers, cela fait partie de ces cycles d'échange d'appréciation : pour cette famille qui nous offre le gîte et avec laquelle nous pourrons faire connaissance et ancrer une vibration d'amitié et de bien-être là-bas alors que nous sommes encore ici. Tout dépend de la perspective selon laquelle nous voyons les choses.

Abandonner nos schémas de manque peut aller chaque fois plus loin, un peu comme si nous pelions les différentes couches de notre oignon intérieur. C'est une couche de plus que nous ôtons en abandonnant nos peurs et nos doutes.

L'argent peut aussi arriver sous forme de petites sommes pour que vous puissiez exprimer votre désir de le dépenser à votre niveau vibratoire du moment. Vous attirez les sommes auxquelles vous croyez, et votre énergie interne change. Vous vous familiarisez avec le fait de recevoir trois, quatre ou sept mille dollars plutôt que mille cinq cents dollars tous les mois et vous utilisez cet argent d'une manière appréciable pour vous. Vous exprimez votre appréciation pour les autres à un niveau plus élevé. Votre programme intérieur, vos décisions, vos croyances se transforment et des idées plus concrètes commencent à germer, ce qui vous permet de gagner tout l'argent que vous désirez.

Un an, deux ans, peut-être même plus, seront nécessaires pour clarifier, purifier et transformer vos programmes de manque d'argent et pour que de nouvelles idées d'abondance s'installent, mais cela peut aller beaucoup plus vite dès lors que vous comprenez comment pivoter chaque fois que vous faites face à une croyance limitative et que vous la transformez en affirmation porteuse. Vous pouvez évoluer très vite et développer beaucoup plus rapidement ce sentiment d'abondance infinie.

À ce stade, vous créez différentes manières d'attirer la richesse et vous les affinez jusqu'à ce que la prospérité soit un état de fait. Vous êtes à pieds joints dans le courant de l'abondance infinie et les idées vous viennent. Des idées sur l'attraction de la richesse par de nouveaux canaux d'abondance, sur l'affinement de vos canaux d'abondance, actuels et nouveaux. Cela devient un jeu.

Cependant, certaines personnes arrêtent tout si les résultats ne se manifestent pas rapidement, parce que leur concierge ne voit pas le lien qui existe entre les situations qu'elles vivent et qui leur permettent de changer, et la demande de transformation. Ne faites pas la même chose. Sachez que toute situation contrastée est attirée vers vous par la vibration que vous émettez. Qu'elle est là pour vous aider à retirer une nouvelle couche de l'oignon et transformer les croyances limitatives en croyances beaucoup plus porteuses pour vous. Dès lors, à élever votre taux vibratoire jusqu'à atteindre un niveau d'abondance beaucoup plus élevé et devenir un point d'attraction supérieur.

Si vous faites partie des personnes qui s'arrêtent parce que leur concierge intervient, si vous avez lancé une demande d'amélioration financière et que vous avez l'impression de vivre contraste sur contraste, vous savez qu'il y a dans votre vibration quelque chose qui les attire. Vous savez que vous avez le pouvoir de les utiliser comme panneaux indicateurs de poches vibratoires un peu trop basses et de dissoudre ces poches vibratoires en élevant votre vibration. Plus vous êtes conscient au point de percevoir que ce qui apparaît contraire à vos désirs (les contrastes) vous permet d'évoluer, plus vous comprenez que ces événements transforment votre énergie et vous ouvrent de l'intérieur pour vous permettre de recevoir ce que vous demandez. Tout cela est bénéfique, mais il n'est pas obligatoire que vous passiez par là.

Il n'est pas obligatoire de vivre de gros contrastes pour évoluer. Sachez que c'est vous qui les créez pour vous permettre d'avancer plus vite. Vous savez que les contrastes ne sont que des nuages qui passent si vous les laissez passer. Dès lors, même si vous avez l'impression qu'ils s'accumulent, laissez-les passer, ne les retenez pas en vous focalisant sur eux, portez votre attention uniquement sur votre vision de grande réalisation et de grand saut.

Prenons l'exemple de cette participante qui avait demandé à l'Univers de doubler son salaire mensuel. C'était sa demande, son désir : avoir le double de ce qu'elle recevait. Peu de temps après, son patron lui annonce qu'il devra la licencier, conjoncture oblige. Elle pourrait croire que ce n'est pas du tout ce qu'elle a demandé et que le processus de création ne fonctionne pas. Elle peut avoir l'impression de recevoir le contraire de ce qu'elle a demandé et se culpabiliser ou freiner sa course en se posant la question : « Pourquoi ai-je attiré cela ? » Au lieu de cela, elle songe de plus en plus à se lancer dans une activité qui lui plaît et à laquelle elle pense depuis des années. La prévision de la perte de son salaire devient une motivation pour aller de l'avant, réaliser son rêve et lancer sa propre affaire. Quelques mois plus tard, elle reçoit le salaire désiré, dans sa propre affaire. Dès lors, elle sait qu'elle a le pouvoir de quadrupler et, peut-être même, de décupler ses rentrées, puisque le pouvoir est désormais entre ses mains. Elle ne dépend plus du bon vouloir d'un employeur. Voilà une situation où l'on pourrait croire que l'inverse de la demande lancée s'est produit, alors que, grâce au contraste, la personne a trouvé en elle les ressources pour réaliser son rêve d'autonomie et d'indépendance.

Changer exige bien plus que de simplement demander et recevoir. Ce processus peut être léger, facile et aisé, si vous êtes prêt à y croire. Entrez en vous-même, renforcez votre foi et votre confiance et ouvrez votre cœur. Croyez que votre guidance intérieure et vos impulsions vous feront passer du niveau actuel à un niveau plus élevé d'abondance. Ce faisant, vous abandonnerez de nombreuses images non porteuses de vous-même et de votre entourage – des croyances souvent héritées et entretenues – et nombre d'occasions se présenteront pour vous permettre de modifier ces images mentales de façon de plus en plus permanente.

Chaque stade de votre spirale d'évolution vous permet d'affiner la transformation de vos croyances. C'est là que réside la beauté du parcours. Ce n'est pas la destination qui compte, mais bien ce travail de transformation intérieure. Pour l'âme, l'évolution est toujours une joie. L'âme est toujours disposée à vous aider à avancer dans cette voie, mais vous avez le choix d'évoluer dans la douleur ou la joie. Autant choisir la joie ! Il est beaucoup plus facile de changer dans la joie.

Le but est toujours l'évolution. Elle est nécessaire pour vous permettre de recevoir ce que vous avez demandé. Elle est le propre de la substance informe que vous êtes et qui vibre l'expansion, qui veut toujours aller plus loin, plus haut, être plus belle, plus lumineuse. L'âme laisse le concierge évoluer avec beaucoup de libre arbitre en vous permettant de choisir vos buts et les changements que vous désirez. L'âme accompagne le concierge dans sa transformation et, en même temps, elle le pousse, elle vous pousse, vous, petite personnalité physique limitée ici sur ce plan dense, à avancer dans votre évolution. Plus vous pouvez vous aider de votre mental, ou concierge, plus vous participez à l'évolution de votre âme.

Le concierge vous offre des panneaux indicateurs par l'entremise de vos émotions. Il vous offre des idées et si vous vous sentez bien en vibrant ces idées, vous savez que vous avancez dans la bonne direction et que vous accompagnez votre âme qui vibre déjà sur le plan de la vision réalisée. Si maintenant les idées de votre concierge créent un ressenti de mal-être en vous, c'est un panneau indicateur qui vous permet de pivoter et de lâcher une croyance ancienne qui ne vous sert plus, pour aller vers une croyance beaucoup plus porteuse.

Lorsque de nouvelles idées naissent dans votre mental, celui-ci élève sa vibration et se rapproche de celle de votre âme qui réside en dehors des énergies denses du plan terrestre. Une connexion se produit : lorsque le concierge reçoit de nouvelles idées, il les capte et entre dans la vibration de l'analyse, du calcul et du jugement. Il vous pousse à réaliser telle action. L'âme, elle, vous répond à travers vos émotions et vous inspire à agir d'une certaine manière. Lorsque ces intuitions inspirées vous parviennent, vous essayez de les ignorer pour ne pas contredire votre mental, qui cherche souvent des raisons et des explications avant d'agir. Vous vous soumettez à ses explications et à ses justifications plutôt que d'agir spontanément en suivant l'intuition émise par votre âme. Si votre désir est très fort, il est important de le suivre. D'ailleurs, plus il est fort, plus vous aurez envie de le suivre ou, au contraire, de résister à le suivre. Dès lors, la force de votre résistance indique la puissance de votre désir et la capacité que vous avez à le réaliser. Le concierge peut essayer de vous raisonner à ce propos parce qu'il suit les programmes qu'il connaît. Il veut vous maintenir dans votre zone de confort connue, mais le désir d'avancer vient de votre âme qui a une vision bien plus vaste que ce que votre concierge peut imaginer. En suivant le désir impérieux de votre âme, vous obtiendrez ce que vous avez demandé et vous prendrez une direction que votre concierge ne pourrait jamais anticiper.

C'est étonnant de voir les voies par lesquelles vous arrivent vos désirs. Il s'agit souvent de voies auxquelles vous n'auriez jamais pensé. Prenez la décision de suivre votre guidance intérieure, ce signal fort émis par votre âme, qui contient deux niveaux de réalité. Au premier niveau, votre concierge se fixe des buts : être très clair sur ses intentions, faire ce qu'il faut pour y arriver et stimuler votre volonté. Au deuxième niveau, votre âme ou votre partie divine se diffuse dans toutes les directions et attire à vous les coïncidences, les personnes et les éléments pour créer ce que vous demandez. D'un côté, la stimulation par le concierge, la planification, les buts très clairs, et de l'autre côté, plus spirituel, la vibration. Tout cela se passe au-delà du mental.

⇨ Suivez vos impulsions et votre guidance intérieure pour vous laisser porter par le courant. Les deux sont reliées.

Si vous n'êtes que dans la planification, vous n'utilisez pas l'effet de levier de tous les agents de l'Univers. Si vous n'êtes que dans la vibration spirituelle, vous n'êtes plus dans le concret, vous n'êtes plus dans la matérialisation physique de ce que vous imaginez, vous restez dans un rêve éveillé. Maintenez le contact entre les deux.

Pour diminuer le délai qui existe entre votre demande et la réponse, la première étape consiste à clarifier votre désir. Pour certains, ce désir est tellement peu précis que le concierge vagabonde, il ne formule pas de demande claire à l'âme. Dès lors, l'âme passe son temps à guider la personnalité vers la clarification du désir. Plus vous clarifierez vous-même votre désir en utilisant votre concierge – en envisageant plusieurs possibilités et en utilisant le repère de vos sentiments comme baromètre –, plus vite votre âme pourra jouer à vous amener les agents intéressants, au bon endroit et au bon moment.

Attention, il ne s'agit pas de déterminer « comment » vous allez recevoir votre désir, mais si, par exemple, vous êtes un ouvrier et que vous voulez devenir PDG, vous pouvez imaginer différentes étapes : suivre une formation dans le domaine de la gestion d'entreprise, faire un stage en entreprise lié à la prise de décision, d'abord au sein d'un petit service, puis d'un plus gros.

En déterminant ces étapes de façon logique et rationnelle, vous permettez à l'âme de vous offrir bien mieux que ce que vous avez imaginé, et plus vite, parce que vous l'avez déjà imaginé et qu'elle ne doit pas passer trop de temps à vous aider à clarifier les possibilités qui vous plaisent. Facilitez le travail de votre âme en clarifiant précisément ce que vous voulez.

Il se peut que la forme de ce que vous recevez ne corresponde pas exactement à votre demande. Vous recevez en général bien mieux que ce que vous avez demandé parce que votre âme a créé pour vous l'essence de ce que vous vouliez. Votre concierge vous limite, il ne peut pas connaître les myriades de voies potentielles offertes par l'Univers. L'âme se focalise sur l'essence de votre désir. Vous avez peut-être imaginé que ce que vous vouliez avait une certaine forme (PDG dans une entreprise de tel genre, dans tel secteur), alors que votre âme sait que l'essence que vous désirez vibrer, vous la trouverez davantage dans un autre secteur ou dans une autre forme d'activité.

Pour être précis dans votre demande, ressentez-en l'essence. Bien plus que les détails pratiques et physiques, c'est l'essence que vous voulez vibrer. Cette essence correspond à l'évolution vers laquelle vous vous dirigez grâce à chacun des changements importants qui se produit en vous. Je vous suggère désormais d'envisager chacune de vos demandes en vous posant la question suivante : « Quelle est l'essence de ma demande ? » Non pas : « Quelle est la forme de ma demande ? », ou « comment cette demande prendra-t-elle forme ? », ou « comment j'aimerais qu'elle prenne forme ? », mais « quelle en est l'essence ? », « qu'est-ce que je veux ressentir dans ce désir réalisé ? ».

Si vous examinez ce que vous essayez de créer, vous vous apercevrez vite que vous avez déjà reçu l'essence de votre demande. Par exemple, si vous désirez vivre une relation amoureuse, vous n'avez peut-être besoin que de vous sentir aimé et votre âme peut vous faire rencontrer cet amour sous différentes formes, pas nécessairement par une relation amoureuse, mais par une relation qui vous permet de vous sentir aimé : à travers un ami proche que vous retrouvez, par exemple, par l'entremise d'un enfant ou d'un animal domestique, grâce à une promotion dans votre travail ou toute autre manière qui vous permet d'accepter de recevoir plus d'amour.

Si maintenant vous voulez un corps plus svelte, l'essence de votre désir peut être de ressentir plus d'amour pour vous-même.

Si vous êtes prêt à demander directement l'essence de votre demande, ou de la demande que vous décidez de changer, vous vous transformez beaucoup plus rapidement et aisément.

Ainsi, plutôt que de vouloir attirer l'argent pour acheter une voiture, envisagez tout de suite la vibration de plaisir que vous ressentirez en conduisant cette voiture – le plaisir de la vitesse, le plaisir de la puissance de la voiture, le plaisir du confort de la voiture –, plutôt que de vous focaliser sur la manière ou la forme que pourrait prendre ce désir réalisé. Ce n'est pas nécessairement la marque que vous voulez obtenir ni l'argent, mais le bien-être de conduire cette voiture.

Peut-être qu'à ce stade de votre lecture vous êtes tenté de revenir sur votre passé et de constater : « Je voulais cela et je ne l'ai pas eu. » Dans ce cas, examinez l'essence de votre désir. Vous l'avez obtenue, peut-être pas sous la forme du désir que vous aviez énoncé, mais vous l'avez reçue. L'âme est très créatrice dans ses réponses à vos demandes. Votre concierge, lui, est limité par ses inquiétudes, ses croyances et ses peurs. Il est limité dans son aptitude à demander. L'âme est créatrice par nature et elle crée au-delà de ce que le concierge peut créer.

Votre âme accepte toutes les demandes que vous faites dès lors qu'elles sont orientées vers l'expansion et le mieux-être. Elle les diffuse alors dans toutes les directions possibles. Des accords sont passés entre votre concierge et votre âme ; l'un de ces accords veut que le concierge sélectionne le sens de votre expansion en fonction de votre ressenti, puis l'âme développe et déploie ces images et les choix de votre concierge.

Le concierge peut agir sur les différentes occasions présentées par l'âme. Il possède ce pouvoir d'action. Il y a une interrelation constante entre l'âme et le concierge, un peu comme une danse de cocréation, qui existe aussi entre le concierge et votre corps. Les trois parties de votre être dansent dans des domaines différents. Le concierge crée l'idée qu'il désire obtenir et transmet les informations au corps. Le corps a la possibilité d'accepter et d'agir selon les directives reçues du concierge, mais il peut aussi les refuser. Le concierge reçoit ses inspirations de l'âme et peut y résister. Tout cela est en interaction et en cocréation constante.

Lorsque vous ressentez des émotions lourdes, tristes et désagréables, votre aura est dense. C'est un peu comme si vous conduisiez avec un pare-brise sale. Votre aura est polluée. Vous ne pouvez voir ni clairement ni loin et la lumière de votre âme ne peut rayonner. Votre âme vous guide et vous aide à prendre conscience des aspects de votre vie qui sont responsables de ces troubles émotionnels et elle vous aide à les dissoudre.

Trouvez le moyen de calmer vos émotions pour pouvoir atteindre vos buts beaucoup plus rapidement. Lorsque vous êtes serein, lorsque vous êtes dans la douce ondulation du long fleuve tranquille où dansent de petites vagues agréables à gérer, vous ressentez les choses beaucoup plus clairement parce que vous êtes beaucoup plus proche des vibrations élevées de bien-être, de clarté et de joie. Lorsque vous demeurez dans des montagnes russes émotionnelles, vous vibrez la confusion. Vous ne pouvez pas voir clairement ce que vous désirez, votre vibration est polluée.

Calme et paisible, votre âme peut venir vous guider par l'entremise de vos émotions. Elle vous guide à travers ce que vous ressentez, et ce que vous ressentez est clair pour vous. Elle vous guide au travers de ce corps émotionnel, en cas d'urgence par exemple, mais aussi au travers d'inspirations ou de sensations soudaines qui vous portent dans un autre espace, beaucoup plus élevé.

Faire un saut n'implique pas la volonté délibérée de se débarrasser de ses ennuis, de ses déceptions, mais surtout le désir de créer plaisir et joie. Imaginez, lorsque je dis : « Je veux faire un saut pour me débarrasser de mes ennuis et de mes déceptions », que je suis focalisée sur ce qui ne va pas et j'amplifie ce qui ne va pas. Même si je pars vivre dans un autre pays, parce que je crois que dans ce pays-là tout s'ouvrira pour moi, je tire mon boulet derrière moi. Ma vibration, je l'emporte toujours et partout.

Si vous vous focalisez sur le fait de faire ce grand saut parce que vous voulez créer quelque chose de nouveau dans le plaisir et la joie, votre petite personnalité s'aligne sur la partie divine en vous qui vibre déjà ce plaisir et cette joie de créer le nouveau. Le saut se fait plus facilement et les agents de l'Univers se placent exactement au bon endroit, au bon moment.

⇨ Pensez aux moments où vous avez créé quelque chose de grand et vous découvrirez ce qui vous a permis de créer ces grandes choses. Nous disons souvent : « Je dois faire cela pour être heureux. » Vous savez maintenant que c'est l'inverse. Soyons heureux ici et maintenant et agissons à partir de ce bien-être.

Et lorsque vous croyez « devoir » faire cela pour être heureux, si ce que vous faites ne vous apporte pas de bien-être ou de soulagement, vous accomplirez cette action avec une vibration d'obligation et non d'accomplissement.

Vous voulez créer des désirs qui vous motivent dans toutes vos entreprises plutôt que de quitter ce que vous ne voulez pas et d'emporter une vibration de frustration, de non-appréciation et de manque. Quittez ce que vous n'aimez pas en l'appréciant, trouvez le moyen d'apprécier là où vous êtes et emportez cette appréciation. Vous avancerez beaucoup plus vite, beaucoup plus légèrement et beaucoup plus sereinement.

L'inspiration, vous ne pouvez pas la recevoir dans le manque et la frustration. Toute grande inspiration est reçue dans la joie et le plaisir d'avancer. Il ne suffit pas que votre mental ait créé le désir de changer; il est important que ce désir vous porte à tous les niveaux, qu'il vous stimule émotionnellement et que vous désiriez vraiment le réaliser, que le désir vienne du plus profond de vous-même. Pourquoi? Pour avoir envie de vous lever tous les matins en disant: «Quel miracle vais-je créer aujourd'hui? Comment vais-je contribuer à mon expansion et à l'expansion de l'Univers?»

Votre désir n'est pas une action anodine, mais une action qui vous tient à cœur. Par exemple, ne pas aimer la pauvreté n'est pas une motivation suffisante pour entrer dans l'abondance, puisque vous êtes focalisé sur ce que vous ne voulez pas. Vous devez désirer l'argent et aimer l'attirer si vous voulez en recevoir plus. Il faut que vous appreniez à aimer l'idée d'attirer de l'argent. Vous ne pouvez pas obtenir ce que vous désirez en détestant son manque ou son absence dans votre vie. Détester le manque de quelque chose – le manque d'argent, le manque d'un petit ami, le manque de biens – ne vous aide pas à attirer l'abondance. Bien au contraire.

Chaque fois que vous voulez faire un grand saut en avant, cherchez à savoir quelle est votre motivation. Qu'est-ce qui vous inspire à le faire? Et si vous ne voyez aucune motivation autre que celle de vous sentir mal à l'aise là où vous êtes maintenant, posez-vous la question: «Quelle motivation puis-je trouver dans ce nouveau désir?»

Pour vous donner un exemple très personnel, lorsque nous avons fait le choix de quitter la Belgique pour nous installer dans le sud de la France, pendant tout un temps, ma motivation était : « J'en ai assez de ce temps froid, de ces hauts et de ces bas climatiques, de cette humidité. » Pour mon mari et moi-même, c'était aussi : « Nous en avons assez du système scolaire actuel qui emprisonne l'esprit des enfants et les empêche de faire leurs choix librement et de s'écouter. » À ce stade, nous vibrions le mal-être chaque fois que nous parlions de partir. Nous n'arrivions pas à prendre la décision. Tout semblait confus parce que nous étions focalisés sur la frustration, sur la colère, parfois, sur le manque, en d'autres termes, sur le mal-être.

Quant à la question « le faisons-nous, oui ou non ? », il y avait en nous une trop grande confusion en raison de ce mal-être qui était entretenu par nos croyances et nos pensées. Ce n'est que lorsque j'ai compris cela que je me suis dit : « Quelle est notre motivation ? Pourquoi voulons-nous partir ? Pour fuir quelque chose ou pour aller au-devant d'autre chose, au-devant de la nouveauté ou d'une autre forme de joie ? »

Dès lors, j'ai pu pivoter et trouver des choses à apprécier dans l'« ici et maintenant », là où nous étions et, grâce à cette appréciation, créer plus de clarté dans ma vibration. À un moment, tout fut clair. C'était clair que nous voulions le faire pour offrir à nos enfants un « accompagnement » scolaire et non plus une « éducation » scolaire, une autre forme d'écoute, un autre rythme près de la nature. Moi-même, j'ai pu me dire : « J'apprécie ce pays que j'aime, dans lequel j'ai vécu de si belles années. Simplement, aujourd'hui, je veux aller dans un pays qui correspond davantage à ma vibration, à mon désir de chaleur, à mon désir de beauté, d'horizons lointains, de couleurs, d'odeurs, d'arômes. » En nous focalisant davantage sur ce que nous voulions créer et sur ce vers quoi nous voulions évoluer, nous avons pu prendre une décision claire et rester totalement alignés sur notre décision en ne portant plus aucune attention à ce que nous n'appréciions pas auparavant dans notre ici et maintenant.

Sachez aussi que vous ne devez pas toujours trouver et attirer l'argent nécessaire pour faire ce que vous avez envie de faire puisque dès que vous émettez un désir, les ressources nécessaires à sa matérialisation sont déjà là. Chaque nouveau désir attire l'argent ou les nouvelles ressources nécessaires. Vous pouvez toujours trouver le temps nécessaire pour faire ce qui vous passionne puisqu'une fois que vous êtes dans ce flux de lancement d'un désir et de focalisation sur ce désir, vous entrez dans le temps illimité. Vous n'êtes plus dans le temps limité du mental. Vous entrez dans le temps illimité de l'âme.

Et il en va de même pour la profonde transformation que vous voulez vivre. Si vous pensez devoir transformer complètement un domaine de votre vie, mais que vous ne l'avez pas encore fait, demandez-vous si vous voulez réellement ce changement. Puisque s'il n'est pas encore manifesté, c'est qu'il n'est peut-être pas véritablement désiré ou que l'essence de votre désir n'a pas la forme que vous imaginez. Dans ce cas, vous savez maintenant comment remonter sur l'échelle des émotions pour clarifier votre désir.

Si vous œuvrez en vue du changement qui n'est pas encore réalisé, sachez que tout ce que vous faites dans votre vie vous en rapproche. Entrez en vous-même un moment et posez-vous la question : « Quel grand saut suis-je en train de préparer ? En quoi les événements récents m'y préparent-ils ? »

Vous recevrez des réponses de la partie divine en vous. Vous clarifierez le grand saut auquel vous faites face et que vous êtes en train de préparer. Un peu comme une femme enceinte. Elle est enceinte de quelque chose de magnifique, de quelque chose de grand, mais en même temps elle ne sait pas encore la forme que prendra cette grandeur. L'âme est comme un enfant. Les enfants ne pensent pas à l'université quand ils ont deux ans. Ils pensent à manger, à voir leurs amis, à jouer.

⇨ Créez chaque jour ce qui vous sera agréable demain. Une petite action qui vous rapproche de votre but. Notre concierge aime avoir des repères et sentir qu'il réussit, que vous réussissez. Qu'est-ce que vous aimeriez créer qui vous rapprocherait du rôle que vous avez envie de jouer maintenant ?

Demandez constamment à votre être intérieur ce que vous vous sentez inspiré à faire ici et maintenant pour vous rapprocher de votre but. Ne laissez pas votre concierge décider pour vous. Vous pourrez alors commencer à travailler sur vos émotions et votre mental pour vous préparer au grand saut.

Par exemple, chaque matin en vous éveillant, répondez aux questions suivantes :

- Quelle est la chose que j'aimerais faire au cours de cette journée pour me rapprocher de mon but ?

  _____
  _____

- Quels miracles ou chefs-d'œuvre vais-je réaliser aujourd'hui ?

  _____
  _____

Vous avancerez plus vite parce que votre mental aime sentir qu'il avance. Vous voulez le satisfaire et le rassurer. Vous vous sentirez plus joyeux si vous vous voyez progresser. Soyez conscient qu'il arrive que le pas que vous faites ne soit pas « nécessaire » logiquement. C'est une action indirecte plutôt que directe. Cependant, ce pas vous apporte une satisfaction qui vous fait progresser, parce que dans votre sentiment de plaisir et de joie vous avancez plus vite. Le concierge, lui, n'est pas capable de relier des événements, de faire des associations. Par exemple, il n'associe pas nécessairement un appel téléphonique ou un problème particulier qui émerge à votre progression. C'est votre âme qui crée les associations.

Souvent, vous avez une vision grandiose et tous les petits constituants de cette vision ne semblent pas trouver leur place au moment présent. Or, même la remarque d'un ami ou un appel téléphonique peuvent contribuer à votre évolution. Votre concierge, qui ignore les nouveaux domaines qui s'ouvrent ou le changement de croyances en cours, ne reconnaît pas nécessairement le mouvement qui s'amorce. Il ne le soutient pas parce qu'il ne le perçoit pas. Il ne pense pas que vous évoluez ou que vous atteignez l'un de vos buts. Il montre de l'impatience ou de l'incrédulité, et peut obscurcir vos émotions et rendre ce passage plus difficile. Donnez-lui la satisfaction d'accomplir un pas en avant chaque jour. Cela vous maintiendra sur une vibration élevée de l'échelle des émotions.

Lorsque je me lance dans un projet de traduction ou d'écriture, j'exécute une petite tâche chaque jour pour rassurer mon concierge et pouvoir me dire : « Que j'avance bien vers la manifestation de mon but ! » Un jour, je peux écrire dix lignes. Un autre jour, j'irai acheter un carnet pour prendre des notes et laisser venir les inspirations. Un troisième jour, j'écrirai pendant un certain temps plutôt que d'écrire un certain nombre de lignes. Je m'adapte à chaque élan intérieur présent en moi ce jour-là.

⇨ Demandez-vous quel pas vous aimeriez faire pour vous rapprocher de votre but, là, maintenant. Demandez-vous à quel élan intérieur vous pourriez répondre au cours du mois qui vient. Cet élan ne doit pas nécessairement être lié au but que vous vous fixez. Il peut s'agir de faire une pause de quelques jours, peut-être même d'un mois, dans votre course à la manifestation de vos désirs. Pour renouer intérieurement avec ce qui est là, ce qui veut émerger et pouvoir avancer plus vite en direction de votre désir. Il s'agit de prendre une décision et de vous y tenir.

⇨ Prenez la décision d'être à l'écoute de vos inspirations et de vos élans intérieurs et d'installer un processus de récompense de votre concierge en lui disant : « En faisant cela, je me rapproche de mon but. » Ainsi, vous le rassurez et vous vous maintenez dans une vibration toujours élevée par rapport aux buts que vous vous êtes fixés.

Nous sommes – chacun de nous faisant partie de ce cercle de feu – au seuil d'un nouveau grand saut. Quel est ce grand saut ? Quelle est cette transformation que nous voulons apporter au cours des six prochains mois de l'année ?

Allons dans le sens de ce saut et évoluons en suivant la lumière de notre feu sacré !

Exercice

Que vous le croyiez ou non, la loi d'attraction est à l'œuvre dans votre vie. Passez en revue quotidiennement ces croyances porteuses :

1. Je crois que je suis digne de mon rêve et que je le manifeste !
2. Je crois qu'il y a suffisamment de tout pour tout le monde et que plus encore est produit.
3. Recevoir ma part n'empêche personne d'autre de recevoir la sienne.
4. Si j'obtiens plus, cela m'aide à faire plus de bien.
5. Je possède la souveraineté sur toutes choses et je peux manifester n'importe quel rêve.
6. L'Univers pourvoit à tous mes besoins. Si je saute de la falaise, le filet apparaît et j'atterris là où je le désire. Tant que je ne saute pas, je ne peux pas voir le filet.
7. Je me rapproche chaque jour de la manifestation de mon rêve.
8. Mes affirmations œuvrent pour moi, que j'y croie ou pas.
9. Je suis un aimant d'abondance !
10. Je suis responsable de mon corps. Je produis les anticorps et l'hormone de jeunesse nécessaire. Mon poids est optimal pour ma santé et mon bien-être et il me permet de manifester mes rêves et de les apprécier une fois que je les ai.
11. L'argent vient à moi facilement et sans effort, que je sois éveillé ou endormi.

12. Je veille à mon bien-être en présence d'autres personnes.

13. Je marche comme un riche, je parle comme un riche, j'ai l'allure d'un riche, j'agis comme un riche, je pense comme un riche et je suis riche !

14. Je suis un gagnant : je gagne souvent et je gagne grand !

15. Quelque chose de merveilleux m'arrive aujourd'hui, je peux le sentir !

Accédez au secret des âges. Accédez à la manifestation des croyances ci-dessus.

CHAPITRE 7

LE PREMIER PAS

Vos passions sont comme des miettes de pain qui vous mènent à l'accomplissement du but de votre âme.

Vous possédez en vous toutes les ressources pour découvrir ou développer l'activité que vous recherchez. Vous attirerez beaucoup plus rapidement le travail de vos rêves en développant d'abord les forces et les ressources intérieures dont vous aurez besoin pour bien accomplir cette fonction ou ce travail. Pour ce faire, il n'est pas nécessaire de prendre de grands risques ou de faire d'importantes démarches qui ne cadrent pas avec ce que vous êtes.

Faites de petits pas en avant plutôt que de vous faire peur en voulant faire un grand saut immédiatement. Avancez par petites étapes et développez vos ressources intérieures. Ainsi, chacun de vos actes constituera une étape facile à réaliser, parce qu'en faisant de petits pas, vous découvrirez que vos rêves sont à votre portée. Ils ne sont pas inaccessibles, au sommet de la montagne de votre rêve. Ils sont à portée de votre main et bien plus faciles à réaliser que vous ne le pensez.

Vous détenez toutes les réponses que vous cherchez. L'essentiel est de vous dire constamment : « J'écoute ma sagesse intérieure. » Vous êtes quelqu'un de grand, vous êtes quelqu'un de sage. La partie divine en vous sait tout. Écoutez davantage cette partie divine et laissez de côté la petite partie, le concierge, qui tente de vous freiner parce qu'il préfère demeurer dans ce qu'il connaît. C'est lui qui instille en vous des pensées de peur, des émotions de jugement et de critique, alors que l'être divin en vous sait que vous êtes à même de réaliser ces petits pas.

Pour atteindre le but de votre âme, il est important d'apprendre à écouter votre sagesse intérieure et à suivre ses indications. L'entendre, c'est bien. Suivre vos intuitions, c'est mieux. Revenez en vous-même et ressentez ce qui s'y passe. Cessez de porter votre regard à l'extérieur, sur les autres, et de céder aux autres le pouvoir de décider ce qui est bon pour vous. Revenez à cette autorité suprême que vous êtes et qui est la seule à pouvoir décider ce qui est bon pour vous.

La réalisation du but de votre âme est un processus de découverte de vous-même. C'est un voyage dans lequel vous êtes engagé. Il ne s'agit pas seulement d'arriver à destination et d'obtenir votre désir réalisé, mais bien de prendre plaisir à vous découvrir. Comme disait Socrate, « connais-toi toi-même ».

Pour pouvoir vous connaître, il est nécessaire de plonger en vous-même. Plutôt que de chercher les réponses dans le monde extérieur, trouvez vos réponses en vous-même. Beaucoup de gens pensent que d'autres détiennent les réponses à leurs questions, particulièrement dans les domaines qu'ils connaissent mal. Vous vous dirigerez vers autrui pour apprendre, pour recevoir de nouvelles informations, pour écouter des autorités ou des experts extérieurs lorsque vous débuterez dans un domaine ou lorsque vous voudrez accumuler de nouvelles connaissances.

Après avoir rassemblé toutes les connaissances, les opinions et les points de vue d'autrui, il est important de vous fier à votre propre sagesse intérieure, surtout lors de la prise de décisions. Ainsi, vous récoltez vos données à l'extérieur pour arriver ensuite à vos propres conclusions. Les autres ne savent pas mieux que vous la direction que doit prendre votre carrière, celle que vous voulez qu'elle prenne, ni les investissements que vous voudriez faire pour la développer. Vous êtes l'autorité suprême qui mène son existence propre. Personne d'autre ne peut la mener à votre place.

Pour manifester le travail de votre vie, pour lui donner une forme et une réalité, apprenez à résoudre vos propres problèmes. Les contrastes sont des occasions que vous vous créez pour vous dépasser. Vous pouvez demander conseil à l'extérieur, mais revenez toujours en vous et fiez-vous à votre cœur et à votre intuition au moment de prendre les décisions définitives. Il n'y a que votre intuition, votre petite voix intérieure, la voix élevée de l'être divin en vous qui peut décider de quoi que ce soit pour vous.

Dès que vous accomplirez le but de votre âme, vous créerez votre voie au jour le jour et vous ne planifierez plus rien à long terme. Même s'il peut s'avérer intéressant de planifier quelle dimension adoptera votre entreprise deux mois ou une année à l'avance, vous vivrez plus dans l'instant. Surtout lorsque vous vibrerez dans la phase de l'abondance infinie où vous aurez les deux pieds bien ancrés dans la certitude intérieure que tout vous est procuré chaque fois que le besoin se présente. Les ressources, l'argent, les personnes, tout vous est procuré en temps opportun.

Personne ne peut effectuer à votre place la structuration de votre activité. En reprenant les rênes de cette structuration, vous aurez le sentiment de maîtriser votre existence. Vous saurez que votre destin et votre futur ne dépendent que de vous.

Lorsque vous décidez de faire tout ce que vous pouvez pour découvrir le but de votre âme, vous vous engagez en même temps à devenir maître créateur de votre vie. Vous pouvez décider de votre avenir en restant ouvert et prêt à saisir toutes les occasions qui se présenteront, car l'Univers vous offrira des perches à saisir selon vos critères de bien-être. Sachez cependant à quel moment il est bon pour vous d'agir et à quel moment il vaut mieux vous abstenir d'agir. Vous le saurez en écoutant votre sagesse intérieure.

⇨ Imaginez : une perche vous est tendue. Quand est-il bon pour vous de saisir la perche et quand est-il bon pour vous de la laisser passer tout en restant bien ancré dans votre vision suprême ? Écoutez votre intuition. Respectez vos émotions. Si vous vibrez la joie à l'idée de saisir la perche, allez-y. Sinon, alignez-vous sur une forme de mieux-être dans l'instant et la réponse s'éclaircira en vous. Commencez dès à présent à procéder ainsi par rapport aux petites décisions de votre vie.

⇨ Cherchez aussi comment résoudre vos contrastes de manière créative et personnelle. Prenez l'habitude de vous référer à votre être intérieur avant de rechercher des conseils à l'extérieur. Lorsque vous maîtriserez la pensée illimitée, vous serez à même de vous laisser inspirer une manière plus efficace d'accomplir le but de votre âme et de réussir.

Pour développer l'attitude de la pensée illimitée, jouez avec des contrastes simples. Par exemple, si vous faites la cuisine dans votre famille et que cette tâche vous empêche de vous consacrer à d'autres activités plus importantes pour vous, vous pourriez vous poser les questions : « Comment réduire le temps qu'il me faut pour préparer le repas ? » ou « comment prendre plus de plaisir à préparer le repas ? ». Si vous faites la cuisine par devoir et qu'un soir vous désirez y consacrer moins de temps, quelles idées pourraient le permettre ? Si vous avez dans votre activité une tâche récurrente que vous n'appréciez pas spécialement, comme une tâche administrative, alors que vous avez plutôt envie d'être dans la phase créative, comment faire pour que cette tâche administrative prenne moins de temps ? Pour revenir à l'idée de la cuisine, vous pouvez décider de cuisiner de plus grandes quantités durant la fin de semaine et de congeler pour vos repas futurs ce que vous ne consommez pas le jour même.

Lorsque vous veillez à augmenter, pas à pas, l'harmonie et la fluidité de votre existence, vous développez en vous le don de résoudre n'importe quel contraste de manière créative. Lorsque vous ferez face à des obstacles sur votre chemin, vous aurez développé la capacité de surmonter ces contrastes de manière créative et de vous focaliser directement sur la solution plutôt que de ruminer le contraste. Vous deviendrez beaucoup plus inventif, et plutôt que d'endurer les situations qui vous déplaisent, vous trouverez le moyen de les transformer.

Dites-vous régulièrement que vous êtes quelqu'un de précieux. Vous n'êtes pas un numéro ou un pion. Vous avez quelque chose d'important à apporter d'abord à vous-même, ensuite aux autres et au monde. Votre existence est importante et unique.

Certains ont du mal à accomplir le but de leur âme parce qu'ils sont tout le temps en train d'aider autrui dans sa carrière ou dans ses tâches. Parfois, une femme se rend compte qu'elle a passé sa vie à s'occuper de ses enfants et de son conjoint ou à veiller à l'harmonie dans la maison alors qu'elle avait envie de développer quelque chose d'important. Peut-être reléguez-vous votre travail au deuxième plan jusqu'à ce que la personne que vous aidez réussisse.

Il est important de pouvoir aider les autres à effectuer leur travail et de travailler en équipe. Si jouer ce rôle est le but de votre âme, vous le saurez parce que cela vous procurera des sentiments de joie et de plaisir importants. Ces sentiments de joie et de plaisir sont vos repères, mais si vous ressentez dans l'aide que vous apportez aux autres une forme d'obligation ou de devoir, et non de plaisir, demandez-vous si c'est vraiment ce que vous voulez faire. Est-ce le but de votre âme ou avez-vous tendance à vous cacher derrière les autres pour ne pas réaliser ce grand saut vers l'autonomie qui vous fait peur ? Vous savez maintenant que ce grand saut, vous pouvez l'exécuter, pas à pas.

Parfois, nous aidons autrui parce que nous avons l'impression que notre voie, nos idées ou notre créativité ne sont pas suffisamment importantes pour être développées. Dans ce cas, rappelez-vous que votre mission est tout aussi importante que celle des autres, même si elle vous paraît beaucoup plus banale ou modeste. Nous avons tous choisi de venir exécuter le but de notre âme ici et il est important pour nous et pour le monde de l'accomplir. Même si vous avez l'impression que les autres ont des emplois beaucoup plus prestigieux, qu'ils gagnent plus d'argent ou qu'ils touchent beaucoup plus de monde que vous, cela ne veut pas dire que votre voie n'est pas aussi importante que la leur.

Votre contribution sur cette terre est aussi essentielle que celle de n'importe qui. Qu'il s'agisse d'accompagner vos enfants de la meilleure manière possible, d'apporter une contribution à travers votre activité ou votre travail ou encore, de soigner et d'aider quelqu'un, tout est important. Le balayeur de rue est aussi important que le PDG d'une société. Nous avons tous quelque chose d'important à réaliser. Tout dépend de l'attitude que nous adoptons dans notre vie en général.

Demandez dès maintenant à la partie de vous-même, qui aide les autres avec beaucoup de succès, si elle veut consacrer son énergie à vous aider à découvrir et à accomplir le but de votre âme. Elle ne demande pas mieux que de vous aider. Votre temps et votre énergie sont précieux. Votre existence est précieuse.

Apprenez à accorder de la valeur à votre temps et à votre énergie parce que vous êtes, par vocation ou par plaisir, certainement un « conseiller », un consultant, un guide ou peut-être même un thérapeute, un médecin qui finit par passer plus de temps que désiré à aider ses amis et les membres de sa famille qui l'approchent avec leurs contrastes. Il se peut même qu'ils prennent beaucoup d'heures de votre temps au téléphone, en tête-à-tête ou lors de réunions de famille, pour vous demander de leur témoigner de l'affection et de les rassurer. Vous êtes peut-être tenté de leur montrer ce qu'ils devraient faire ou même de le faire à leur place.

Si passer votre temps à aider les autres vous comble de plaisir et vous apporte un épanouissement réel, continuez, c'est parfait. Il se peut que cela soit votre véritable mission. Cela dit, nous sommes plusieurs à passer du temps à aider les autres non pas par plaisir, mais par obligation. Nous nous sentons obligés. Nous avons le don d'écouter, nous avons le don de voir aisément comment transformer une situation contrastée en quelque chose de plus léger et nous nous sentons obligés de servir les autres. Peut-être aussi parce que cela nous semble égoïste de consacrer du temps et de l'énergie à notre propre existence. Pourtant, notre existence ne s'ouvrira devant nous qu'à la condition que nous nous occupions d'elle et que nous y consacrions tout notre temps et toute notre énergie. Notre voie de réalisation et d'épanouissement est primordiale.

Pensez aux amis auxquels vous consacrez beaucoup d'énergie et demandez-vous s'ils tirent parti de votre aide dans leur développement personnel, ou s'ils restent identiques à eux-mêmes. Avez-vous l'impression de leur offrir des idées et des solutions qu'ils ignorent ? La voie que vous voulez suivre est celle de l'autonomie et de l'écoute de votre voix intérieure. Donner des conseils à quelqu'un qui vous en demande, mais qui n'en fait rien, est une perte de temps et d'énergie.

Posez-vous les questions dès lors : « Comment est-ce que je me sens après avoir aidé cette personne ? Est-ce que je me sens épuisé ou rechargé ? » Si vous vous sentez épuisé, si la personne n'a pas apporté de changement dans sa vie à la suite de votre accompagnement récurrent, c'est qu'elle n'utilise pas votre aide pour son développement. Par ailleurs, si vous passez beaucoup de temps à conseiller vos amis, peut-être que cette activité représente votre vocation.

« Les gens viennent facilement à moi, je leur explique facilement ma façon de voir les choses, je vois qu'ils se sentent mieux après m'avoir écouté, je me sens mieux après les avoir aidés, ne serait-ce pas ma vocation ? »

Et si vous voyez que quelqu'un ne fait rien de tout ce que vous lui donnez, veillez à ne plus offrir votre énergie et votre temps aux personnes qui vous *squattent*. Chacun a la liberté de choisir de rester là où il est, dans son contraste, mais si vous voyez qu'une personne continue à venir se plaindre auprès de vous, sachez qu'elle ne vous apporte rien, bien au contraire. Vous ne pouvez rien lui apporter parce que sa main n'est pas ouverte à l'abondance de bien-être infini de l'Univers. Sa main demeure résolument fermée, pour l'instant du moins.

Si vous sentez qu'accompagner autrui est votre vocation, cela vaut la peine de chercher comment intégrer cette passion dans votre profession. Si vous travaillez dans une entreprise, que vous donnez facilement des conseils, que votre énergie aide vos collègues, les clients ou les fournisseurs à se sentir mieux, voyez comment intégrer davantage cette partie de vous-même dans votre fonction. Une fois que vous l'y aurez intégrée, vous entrerez en lien avec des personnes qui vous aborderont pour évoluer. Les aider vous rechargera en énergie de bien-être et de joie et votre aide apportera une grande différence dans leur vie. Vous avancerez dans la voie du but de votre âme.

C'est quelque chose que j'ai fait pendant tout un temps, alors que je travaillais dans un bureau d'avocats. Je me suis rendu compte que j'étais arrivée au bout du stade d'excellence de la fonction que j'occupais, c'est-à-dire m'occuper de la comptabilité journalière, du personnel, des fournitures, et j'ai eu envie de passer à un autre stade, soit développer une relation authentique et lumineuse avec les gens, indépendamment du travail plus technique que je devais exécuter. Je continuais à accomplir ma fonction avec excellence tout en développant une autre facette de moi-même, avec beaucoup plus de plaisir puisque j'intégrais ma vibration de cœur dans ma fonction. Très vite, j'ai constaté que je faisais cela avec beaucoup de naturel, et beaucoup d'amusement aussi, et je me suis sentie inspirée à démissionner de la fonction que j'occupais pour me développer dans la relation aux autres.

Que le but de votre âme soit votre priorité, qu'elle passe avant tout le reste ; bon nombre d'entre vous finissent par accomplir tant de petites tâches que vous n'avez plus le temps de réaliser votre vocation.

Nous confondons nos occupations et l'accomplissement de notre but suprême. Nous courons sans cesse entre les obligations à remplir, les enfants à aller conduire ou chercher, les emplettes à faire et tout ce que nous avons à «faire» dans notre vie de tous les jours, de sorte que nous n'avons plus une minute de temps libre pour «être».

Si nous voulons parvenir à réaliser le but de notre âme, il nous faut prendre le temps pour le faire. Nous voulons cesser de courir après le temps. Le ressenti de manque de temps indique un désalignement entre notre mental et l'être infini en nous. Nous voulons nous réaligner sur lui. Nous sommes au niveau du concierge, dans le temps limité de la phase de limitation, et nous voulons entrer dans le temps infini de la phase d'expansion.

Être tellement focalisé sur le plaisir que nous avons à faire les choses, même les toutes petites choses de notre vie, que notre priorité ne soit plus que là : prendre plaisir à tout ce que nous faisons. À partir de ce moment, nous délierons le temps. Nous lui donnerons une plus grande envergure. Nous fonctionnerons à un niveau beaucoup plus élevé, donc beaucoup plus efficace. Tout ce qui est «obligation» sera réalisé beaucoup plus vite et nous pourrons consacrer tout notre temps à ce qui nous permet de nous réaliser et de nous épanouir.

Certaines personnes disent : «Je ferai ce qui est important pour moi une fois que j'aurai fini toutes mes corvées : le ménage, l'administration, etc.» À la fin de la journée, elles sont trop fatiguées ou elles n'ont plus le temps de faire ce qu'elles avaient vraiment envie de faire. Alors que si vous vous arrêtez au beau milieu d'une obligation que vous effectuez souvent avec des pieds de plomb pour vous dire : «Ce n'est pas ce que je veux. Je me sens mal. Je veux me sentir bien. Je prends le temps de faire ce qui m'apporte plus de bien-être. Je m'arrête pour savourer une tasse de thé, pour aller me promener quelques minutes, pour prendre quelques respirations profondes. Ce temps-là, je me l'offre parce que je suis quelqu'un de précieux. En me l'offrant, je me régénère. Je clarifie ma vibration. J'élève ma fréquence vers le plaisir et la joie de m'offrir ce temps-là», au moment de reprendre votre tâche, votre énergie étant plus élevée, vous vous mettez moins de bâtons dans les roues et vous accomplissez beaucoup plus facilement et rapidement ce que vous étiez en train de faire.

Accomplissez les activités qui vous rapprochent du but de votre âme en premier lieu le matin, ou le plus tôt possible. C'est une manière de vous placer immédiatement dans l'espace-temps infini, dans l'appréciation et le plaisir. Au réveil, offrez-vous cinq minutes pour penser au but de votre âme en vous demandant : « Quel est l'acte le plus important que je puisse accomplir aujourd'hui pour me rapprocher de mon but ? » Faites-en votre priorité, réalisez cette tâche avant toute chose. C'est une question magique.

Il peut s'agir d'une tâche très simple, comme activer le symbole du but de votre âme. Vous choisissez un symbole qui représente le but de votre âme et vous imaginez que vous l'envoyez dans l'Univers et que vous l'activez. Vous laissez l'Univers y placer toute son énergie et toute sa focalisation pour organiser les agents, les situations et les coïncidences qui permettront à ce but de se réaliser. Également, il peut s'agir de téléphoner à quelqu'un, de vous procurer un livre sur un sujet qui vous intéresse ou d'aménager un espace dans votre maison pour pratiquer une activité. Vous serez étonné de voir votre vie changer lorsque la première chose que vous faites et sur laquelle vous vous concentrez chaque jour vous aide à réaliser vos rêves. Que ce soit votre priorité avant même de faire quoi que ce soit d'autre.

Agir au bon moment est un principe essentiel dans le processus de création. Commencez dès aujourd'hui à affirmer que vous serez au bon endroit, au bon moment. Gardez toujours cette pensée à l'esprit et fiez-vous à vos sentiments de joie ou de mal-être pour vous aider à faire de cette idée une réalité. Vous serez toujours au bon endroit, au bon moment. Au bon moment, votre idée prendra forme.

Avant de s'inscrire à une formation d'écriture alignée, une participante m'avoua qu'elle voulait absolument écrire un livre. Elle s'efforçait d'écrire une heure ou deux par jour, mais l'inspiration ne venant pas, elle tentait de forcer ses idées et finit par abandonner son projet. Elle n'écrivait plus, s'en culpabilisait et se jugeait. Elle se faisait sans cesse des reproches, s'accusait d'être incapable et de manquer de discipline. Elle était dans le cercle vicieux de la non-appréciation. Or, son travail l'amenait à fréquenter des personnes en souffrance. Elle commença à leur enseigner les principes spirituels qu'elle recevait dans la formation et qu'elle appliquait dans sa vie de tous les jours. Plusieurs de ces personnes se sentaient beaucoup mieux. Elles trouvaient une forme de paix intérieure, paix qu'elles avaient longtemps cherchée. De plus en plus de personnes venaient la trouver et elle décida de donner des ateliers.

Vous voyez comme l'Univers agence tout pour vous apporter le moyen de vous développer davantage. D'abord, elle aida une amie, puis elle reçut tellement de demandes qu'elle se sentit inspirée à préparer des cours. Elle enregistra ses leçons sur CD et, pour répondre à la demande croissante, elle en fit préparer des exemplaires. Une fois les exemplaires rassemblés, elle les offrit à ses élèves comme manuels de cours. Bientôt, ses élèves parlèrent des manuels à d'autres personnes et elle ne cessait d'en réimprimer pour répondre à la demande. Un jour, une personne qui travaillait dans une grande maison d'édition lui téléphona. Un ami lui avait transmis son manuscrit et l'éditeur voulait le publier. C'était un sujet très en vogue. Le livre remporta beaucoup de succès.

Repensant à cette tentative d'écriture antérieure, cette participante comprit qu'il lui avait fallu expérimenter tout cela et faire d'importants progrès pour pouvoir se lancer dans l'écriture de son livre. Elle avait eu besoin de ce vécu, et de recul. Chaque fois qu'elle avait voulu se forcer à écrire, ce n'était pas le bon moment. Si elle avait réussi à écrire ce livre plus tôt, il n'aurait pas connu le même succès. Il fallait qu'elle passe par toutes ces étapes intermédiaires pour que son livre ait de la profondeur et qu'il arrive au bon moment sur le marché.

Si vous travaillez sur un projet, rappelez-vous que votre guide intérieur vous aidera toujours à le mener à bien au moment approprié. Quelle que soit votre activité, si vous sentez que vous êtes constamment dans la résistance ou dans la lutte, c'est que le moment est mal choisi. Peut-être qu'il y a autre chose à faire d'abord, pour revenir au projet par la suite. Dès lors, dirigez vos énergies ailleurs et fiez-vous à votre sentiment de plaisir. Votre sentiment de plaisir est votre repère, ne l'oubliez pas.

Peut-être que, depuis quelques mois, vous pensez apporter un grand changement à votre vie, mais vous ne savez pas ce que vous voulez faire ou vous avez l'impression que vous ne pouvez pas quitter votre situation actuelle. Peut-être aussi que vous savez ce que vous aimeriez faire, mais que vous craignez que cela ne vous coûte trop d'argent ou ne vous engage à accomplir une tâche qui dépasse vos capacités et vos ressources. Si vous n'avez encore rien fait, surtout ne vous critiquez pas, ne vous jugez pas. Rappelez-vous qu'il y a toujours une période de changement intérieur avant que les changements extérieurs puissent se produire. Tout changement se produit d'abord à l'intérieur.

Peut-être que vous êtes en train de changer de ligne de pensée, peut-être que vous êtes en train de réévaluer votre vie, de voir les choses sous un autre angle et d'accumuler l'énergie nécessaire pour apporter un changement. C'est souvent le cas des phases de procrastination. Vous avez l'impression de ne pas bouger, mais quelque chose d'important se produit en vous, un changement qui a besoin de mûrir avant de pouvoir se manifester à l'extérieur. Laissez cette gestation se faire dans la facilité et la légèreté, mais surtout dans la joie et le plaisir.

Plus les bouleversements extérieurs que vous voulez apporter sont importants, plus les bouleversements intérieurs qui les précèdent sont importants aussi. Ils sont à la mesure du changement que vous voulez apporter dans votre vie. Dès lors, donnez-vous le temps d'avancer et d'évoluer à votre rythme. Dites-vous régulièrement : « J'accepte et j'aime qui je suis en ce moment. »

N'oubliez pas que vous êtes parfait là où vous êtes. Acceptez-vous là où vous êtes, aimez-vous là où vous êtes. Il y a toujours moyen d'être plus que parfait et d'avancer plus loin sur votre spirale d'évolution, mais vous êtes parfait là où vous êtes. Apprenez à vous aimer et à vous accepter tel que vous êtes en ce moment même. Éprouvez beaucoup d'amour pour tout ce que vous avez déjà créé. Vous êtes un maître créateur. Vous avez déjà créé tellement de choses, vous avez déjà vécu tellement de succès et de victoires. Appréciez-les et aimez-les.

Vous n'avez pas besoin d'atteindre la perfection avant d'accomplir le but de votre âme. Partez de là où vous êtes. C'est le fait d'accomplir cette tâche, ou ce but, qui vous aidera à vous développer et à évoluer. Il faut bien commencer quelque part : commencez là où vous êtes. Si vous aimez et acceptez qui vous êtes en ce moment, vous vous permettez d'avancer dans de nouvelles directions. Vous avez fait du mieux que vous pouviez jusqu'à présent. Reconnaissez-le. Dès lors, commencez à vous apprécier pour ce que vous êtes plutôt que de penser à la personne que vous voudriez être. Imaginez que vous êtes déjà cette personne. Prenez comme modèle quelqu'un qui a déjà développé les aspects que vous voulez développer, mais commencez par apprécier qui vous êtes, là, en ce moment. Cela vous aidera à aller de l'avant avec beaucoup plus de facilité.

⇨ Si vous vous êtes critiqué dernièrement, à la place, pendant une journée entière, chaque fois que le point que vous avez tendance à critiquer vous vient à l'esprit, félicitez-vous pour tout ce que vous faites et avez fait de positif jusqu'à présent.

Plusieurs d'entre nous ont le sentiment intérieur d'avoir beaucoup de choses à accomplir au cours de leur vie, comme si c'était une mission. Peut-être que vous êtes inquiet de ne pas avoir encore découvert cette mission. Soyez persuadé que tout ce que vous faites et tout ce que vous avez fait jusqu'à présent constituent les fondations sur lesquelles pourra s'ériger le but de votre âme.

À un stade de ma vie, je me suis rendu compte que j'assistais à toutes sortes d'ateliers et de séminaires qui ne semblaient pas avoir de lien particulier entre eux. Je suivais mon envie et je m'inscrivais aux ateliers qui m'inspiraient, jusqu'au jour où je me suis dit : « Je ne sais pas ce qui sortira de tout cela, mais je sais que c'est important pour moi de passer par ces différentes étapes et que ces pièces du casse-tête de ma vie vont, à un moment donné, trouver leur place. »

Ces séminaires et ces ateliers que j'ai suivis m'ont permis de mieux résonner avec la variété de personnes qui assistent maintenant à mes ateliers ou à mes formations, parce que j'ai transformé nombre de mes limitations et de mes croyances grâce à eux et que je suis arrivée à une sorte de lâcher-prise qui me permet de ne plus réagir fortement devant certains comportements, certaines opinions ou certaines pensées. J'ai fait la clarté en moi grâce à toutes ces expériences dont j'ai tiré une certaine essence et, grâce à cette essence très diversifiée, j'ai pu créer mes propres réponses à mes propres questions.

Sortez de la critique de vous-même et des autres, adoptez une attitude beaucoup plus élevée et laissez chaque chose trouver sa place en sachant que tôt ou tard, au bon moment, vous saurez quoi faire de tout cela.

Certaines personnes accomplissent très tôt le but de leur âme parce qu'elles savent très vite ce qu'elles veulent accomplir. Les prodiges du piano et les grands athlètes reconnaissent très jeunes leur passion et focalisent toute leur énergie et tout leur temps sur elle. Ils veulent développer leur génie dans cette voie. D'autres personnes doivent acquérir des expériences, des connaissances et des données particulières avant d'accomplir ce but et ce n'est qu'à l'âge mûr qu'elles peuvent effectuer leur tâche suprême parce qu'il leur a fallu tout ce parcours pour offrir quelque chose de neuf et d'unique puisque leur âme a choisi de passer par toutes ces étapes. Vous ne voulez pas donner le même atelier que la personne à côté de vous et, de toute manière, ce ne serait pas possible vibratoirement. Donner un atelier à vingt ans, sans avoir réalisé plusieurs étapes préparatoires, n'aura pas la même densité et le même pouvoir d'attraction que ce même atelier donné à quarante ans. Il existe toutefois des thérapeutes remarquables, des personnes qui, à vingt ans, donnent des ateliers d'une densité et d'une sagesse incroyable. Cela dépend toujours du choix de l'âme.

Il n'y a pas de règle absolue. Si vous ressentez la certitude intérieure que vous êtes venu au monde pour accomplir une tâche essentielle et que vous n'avez pas encore découvert la forme que prendra cette tâche, continuez à suivre les indications de votre guide intérieur et à faire les choix qui vous apportent de la joie. Parce que ces choix vous conduisent vers votre contribution majeure. Acceptez d'avancer pas à pas. Plutôt que de vous juger pour ne pas avoir accompli plus de choses jusqu'à présent, prenez le temps de vous féliciter pour le chemin parcouru et pour la quantité de pas déjà réalisés.

Revenons à la notion de gratitude. Appréciez-vous, aimez-vous, aimez tout ce que vous avez fait jusqu'à présent parce que c'est dans cet amour et cette appréciation que vous clarifierez ce que vous désirez accomplir et que vous accélérerez la manifestation du but de votre âme. Ressentez à quel point il est parfait de vous trouver là où vous êtes aujourd'hui, plutôt que de vous critiquer de ne pas vous trouver plus loin encore. Concentrez-vous sur tout ce que vous faites et apprenez tout ce qui vous prépare à recevoir davantage.

Développez l'envie d'apprendre, cultivez le plaisir de vous développer et de grandir encore et encore. Le fait d'apprendre à vous parler positivement vous aidera à développer votre force et votre confiance intérieures et à devenir une montagne de sagesse, ce qui vous permettra d'accomplir aisément et facilement les actes que vous vous sentirez inspiré à accomplir, à mesure que vous suivrez votre voie.

Prenez le temps de découvrir et de faire ce qui vous plaît. Choisissez une tâche simple que vous aimez faire, par exemple préparer des gâteaux pour vos enfants, et effectuez cette tâche souvent si vous aimez la faire. La grand-mère de l'acteur Paul Newman cuisinait une sauce tomate qui avait beaucoup de succès auprès de sa famille et de ses amis. La famille a donc mis sur pied une entreprise qui offre ce produit ainsi qu'une gamme d'autres produits. Les bénéfices des ventes sont reversés à des organisations caritatives. L'idée est partie du plaisir que la grand-mère ressentait à réaliser cette tâche toute simple pour développer le but de son âme.

De même, une participante qui adorait créer des bijoux étant enfant a fini par ouvrir sa propre entreprise en ligne et elle crée des bijoux qu'elle vend aux particuliers et aux magasins de sa région. Elle est partie de son plaisir de créer. Un ami qui aimait rénover des meubles dans son atelier a lancé avec beaucoup de succès une activité qui propose des meubles patinés de manière unique et magistrale.

Aucune idée n'est absurde ou banale. Chaque idée recèle un diamant. À vous de voir si vous voulez développer cette idée. Vous pouvez commencer dès maintenant à transformer les activités que vous aimez en nouveaux canaux d'abondance. Il suffit de facturer vos services. En faisant cela, vous créez un lien entre l'abondance et l'utilisation de vos dons personnels et particuliers. L'idée que votre temps, votre énergie et vos dons ont de la valeur est un message très important pour votre mental.

Dans notre société, nous avons appris à accepter de l'argent pour ce que nous n'aimons pas faire, comme un travail rémunéré. Nous nous sentons coupables de demander de l'argent pour ce que nous aimons faire, comme notre passion. En nous comportant ainsi dans la société en général, nous nous disons que gagner de l'argent implique de réaliser des tâches désagréables et qu'il est impossible de subvenir à nos besoins en faisant ce qui nous passionne. Transformons cette croyance.

C'était une croyance importante que j'entretenais lorsque j'ai voulu me lancer comme travailleur indépendant. Est-ce que je pourrais vivre de ma passion ? Ma passion, à ce moment-là, et c'est toujours le cas, était l'écriture. Comment vivre de ma passion ? Comment vivre de l'écriture ? Je me sentais presque coupable de vouloir vivre de cela. Parce que cela m'était tellement facile et naturel. Maintenant, j'arrive à vivre de cette passion qui a pris différentes formes, et à très bien vivre même : l'écriture de livres, la traduction – qui est un travail sur la langue –, la rédaction d'ateliers, de formations, de discours, de conférences, etc.

Suivez votre intuition et croyez que c'est possible. Surtout, accordez-vous le luxe, la joie et le plaisir d'attirer l'abondance en faisant ce que vous adorez. Même si, au début, vous êtes réticent à demander de l'argent pendant que vous développez votre expertise, il est important, par la suite, de monnayer vos talents et vos capacités si vous désirez commencer une nouvelle carrière et mettre à profit ces capacités et cette expérience. Au départ, vous pouvez décider d'offrir vos services gratuitement ou d'offrir un premier produit, un premier service ou une première séance gratuitement.

Au début de la réalisation de mon site, je recevais beaucoup de questions concernant des situations contrastées de développement personnel et j'avais beaucoup de plaisir à y répondre parce que je me rendais compte que cela m'aidait à déployer mes capacités d'accompagnement d'autrui. À un certain stade, je me suis sentie prête à demander une rétribution en échange de ces conseils et de cet accompagnement. Aujourd'hui, je forme des personnes qui peuvent en accompagner d'autres et je prends plaisir à répondre gratuitement à certains messages ou à certaines demandes de personnes parce que cette demande fait résonner en moi un signal. C'est toujours en fonction de cela que j'accorde une réponse ou que je redirige la personne vers un expert consultant ou un thérapeute que je connais.

Il est important de passer à l'étape où vous comprenez : « Ce que j'offre a de la valeur. Ce que j'offre est précieux et il est naturel que je sois rétribué pour cela. » Si vous ne le faites pas, vous aurez moins de temps pour déployer vos dons – à moins d'avoir d'autres canaux d'abondance ouverts – et vous aurez moins de temps pour apporter votre contribution essentielle à ce monde et aux autres autour de vous. Vous pouvez commencer par demander une somme minime. Cela constituera un message positif que ce que vous donnez est précieux et vous associerez à l'abondance les activités qui relèvent du but de votre âme. Vous créerez un lien entre les deux.

Dans un premier temps, ne vous inquiétez pas si vos dons ne vous permettent pas de gagner suffisamment, ou si, pendant la période où vous vous perfectionnez, vos tarifs sont inférieurs à ceux d'autres personnes qui font exactement la même chose, ou si vous donnez plus que ce que vous recevez. Le simple fait d'agir sur votre nouvelle conviction qu'il est possible de gagner de l'argent en faisant ce que vous aimez est suffisant. Le temps viendra où vous pourrez apporter votre demande d'expression d'appréciation, ou vos honoraires, sur le plan de la valeur de vos services et du revenu dont vous avez besoin pour vivre. À mesure que vous accumulerez de l'expérience et que vous apprendrez à estimer ce que vous faites à sa juste valeur, les autres montreront de l'estime pour ce nouveau « vous ». Acceptez d'avancer pas à pas dans l'établissement de vos tarifs et dans la manifestation de votre abondance.

⇨ À partir d'aujourd'hui, reliez le plaisir que vous ressentez pour votre activité à l'abondance qui vous arrive grâce à ce plaisir. C'est votre premier pas vers la manifestation du but de votre âme et sa réussite !

CHAPITRE 8

VITALITÉ ET JOIE

Clarifiez vos passions et le « comment » apparaît.

Nombreux sont ceux qui cherchent la paix et l'harmonie intérieures. Ce n'est pas seulement une mode. C'est aussi ce que nous recherchons tous dans notre parcours d'élévation de conscience. Nous sommes bien conscients que la paix vient de notre monde intérieur et que le monde extérieur n'est qu'une représentation symbolique de ce qui se passe dans notre temple intérieur. À différents niveaux, nous comprenons que le processus par lequel nous créons ce que nous vivons fonctionne par la loi d'attraction.

Quel est le chemin de la joie ?

Nous pouvons choisir plusieurs chemins différents. Nous pouvons en choisir un, puis bifurquer vers un autre. Nous disposons de différents atouts pour servir la planète et pour contribuer à l'élévation collective des consciences.

Le chemin de la volonté, de la détermination et de la lutte existe, mais le chemin de la joie et de la compassion existe aussi. Le chemin de la volonté n'est pas nécessairement lié au chemin de la lutte. Il s'agit de trouver un équilibre ou une harmonie entre volonté, joie et légèreté. À vous de choisir le chemin que vous voulez suivre, mais sachez que la joie est cette musique intérieure que vous vous chantez au fil de la journée.

Qu'apporte la joie dans votre vie ? Le savez-vous seulement ? Êtes-vous conscient de ce qui vous rend heureux ? Êtes-vous tellement absorbé par l'accomplissement de toutes vos tâches quotidiennes que vous avez reporté à plus tard, c'est-à-dire à un avenir incertain, tout ce qui vous plaît et que vous auriez envie de faire ? N'oubliez pas que le chemin de la joie se situe dans le présent. Il concerne l'instant présent, et pas le futur. Nombre de personnes me disent : « Lorsque je serai à la retraite – ou lorsque j'aurai reçu telle somme –, je ferai enfin ce que j'aime ! » Ces personnes envisagent leur joie dans le futur.

Avez-vous une image claire de votre vie future, lorsque vous serez heureux et que vous vibrerez intensément le bien-être dans l'instant ? C'est cela que vous recherchez. Il ne s'agit pas d'envisager un moment de bien-être dans le futur, mais bien de le vibrer immédiatement, dans l'instant.

Plusieurs d'entre nous remplissent leur emploi du temps d'activités qui ne leur apportent pas spécialement de joie et qui ne relèvent pas nécessairement de ce que leur âme voudrait, mais plutôt de ce que leur personnalité les pousse à faire. Nous vibrons plus le sentiment du devoir que le désir véritable. Nous avons appris qu'être affairés, ou se montrer affairés, était valorisant.

Je me rappelle le moment où j'avais quitté le monde du travail salarié pour me lancer comme travailleur indépendant et où j'étais encore plus occupée que lorsque je travaillais dans des bureaux. Dans ce travail salarié, je me disais souvent : « Comment est-ce possible ? Je suis payée pour ne rien faire ! » J'étais frustrée de n'avoir rien à faire. Là, chez moi, j'avais réussi à recréer un tel stress dans mon emploi du temps – traductions à remettre, délais urgents – que je n'avais plus de plaisir à travailler de chez moi, dans mon environnement agréable, libre de choisir mes horaires.

J'avais recréé le stress du travail sous pression, le stress de la hiérarchie, puisque je travaillais pour des clients qui m'imposaient des délais trop courts. J'acceptais ces délais parce que j'avais besoin d'argent. J'étais dans une telle nécessité que j'acceptais tout et n'importe quoi, et mon emploi du temps était si surchargé que je travaillais presque jour et nuit, sans parler du peu de temps qui me restait pour profiter de ma vie familiale. Même plus tard, alors que l'argent rentrait régulièrement et abondamment, je continuais à m'affairer. J'entretenais la croyance limitée qu'être affairé était valorisant.

Mes enfants m'entendaient souvent dire : « Désolée, je dois travailler. » Je ne ressentais plus le désir de jouer, mais bien le devoir de travailler. Une fois que j'ai compris cela, j'ai pu rééquilibrer la balance.

Il existe deux sortes d'activités. Les activités forcées par notre petite personne, le « concierge », sont souvent basées sur « tu dois » ou « il faut ». Ces activités ne sont pas vouées au bénéfice d'un but élevé. Elles ne répondent pas au désir de votre âme de contribuer à l'élévation collective des consciences.

Les activités inspirées, par contre, qui viennent du désir de notre âme et qui répondent au but de notre âme, sont toujours accomplies à des fins élevées, très présentes dans notre esprit. Un but élevé nous ramène dans la jouissance de l'instant présent. Tant que nous sommes dans des activités limitées, raisonnées et logiques qui nous sont insufflées par notre concierge, nous sommes dans le passé ou le futur. Nous répondons à des injonctions ou à des croyances limitées, passées ou futures.

À partir du moment où nous nous alignons sur le but de notre âme et où nous agissons pour nous rapprocher de ce but, nous sommes dans l'instant. Nous sommes dans la jouissance et dans l'accomplissement de cette jouissance dans l'instant présent.

La petite personnalité, notre concierge, est souvent distraite par nos cinq sens qui accaparent régulièrement notre attention. Le téléphone, les enfants, le bavardage, les émotions des autres et les commérages détournent notre attention à longueur de journée et peuvent nous empêcher d'être à l'écoute de notre messager intérieur. Lorsque nous exécutons ces activités logiques et raisonnées qui vont dans le sens du devoir, nous nous laissons très facilement détourner de notre voie. C'est comme si nous fonctionnions à la surface de notre conscience. Nous ne sommes pas profondément ancrés dans la divinité que nous sommes réellement.

Dès que nous agissons pour nous rapprocher du but de notre âme, nous nous ancrons dans notre joie intérieure profonde et nous recevons les messages ou les inspirations de la partie divine en nous. Nous savons qui nous sommes, nous nous reconnaissons en tant que grande personnalité divine et nos racines sont bien ancrées dans la joie.

Plusieurs raisons peuvent nous empêcher de changer immédiatement de vie. Si nous ne nous trouvons pas des motifs pour nous inciter à changer, ce changement ne se produira pas dans le présent et sera toujours reporté au futur. Toujours plus loin. Nous ne serons pas sur le chemin de la joie, qui se situe sur le plan du but de notre âme.

Dans ce monde physique où nous avons tous choisi de nous incarner, nous avons reçu des sens physiques et un corps qui répond par des émotions à ce qu'il observe dans la « réalité ». Ne nous laissons pas accaparer et obnubiler par la prétendue « réalité » qui nous fait face. Ne restons pas dans l'observation extérieure de ce que nous voyons et ne nous laissons pas influencer et distraire constamment parce que nous fonctionnons à la surface de notre conscience. Polissons plutôt notre diamant intérieur pour pouvoir le laisser rayonner et devenir cet aimant qui attirera à nous ce qui est en harmonie avec notre être intérieur divin, magnifique et éblouissant.

Si vous avez tendance à toujours placer les autres avant vous dans votre emploi du temps, à toujours vouloir aider les autres, à être présent pour les autres – ce qui est bon si vous êtes présent à vous-même d'abord –, vous pouvez changer cela. Comment ? Développez un sentiment de compassion envers vous-même et renouez avec votre liberté intérieure. Prenez du temps pour vous, accordez-vous plus de temps, reconnaissez la grande personnalité que vous êtes. Cette grande personnalité a le pouvoir de créer l'emploi du temps qu'elle désire, axé uniquement sur son désir intérieur de joie et de bien-être personnel, car tant que vous n'aurez pas renoué avec le plaisir d'être qui vous êtes et d'être bien avec vous-même avant tout, vous ne pourrez pas diffuser ce plaisir à l'extérieur de vous.

Si vous remplissez votre agenda de tâches liées à d'autres personnes, sans prendre le temps de vous retrouver et de renouer avec votre joie et votre bien-être intérieur, vous vous rendez à ces rendez-vous extérieurs sans y apporter quoi que ce soit d'intéressant pour autrui. Vous remplissez des cases temporelles de vide, de très peu de joie et de très peu de bien-être.

Par contre, si vous prenez le temps de vous occuper de vous-même avec compassion, paix, amour pour vous-même et appréciation de qui vous êtes, vous remplirez ces cases de rendez-vous qui feront rayonner une énergie forte, dense et aimante. Ces rendez-vous seront probablement moins nombreux, parce que votre vibration plus élevée triera le type de personnes que vous attirerez. Renouez avec la joie qui vous permettra d'attirer à vous les éléments, les personnes et les circonstances qui vous rapprochent du but de votre âme.

Plusieurs d'entre nous ont passé des années entières sans joie parce qu'ils croyaient être dans l'obligation d'aider les autres, d'être toujours là pour eux, de se couper en quatre pour eux, ou parce qu'ils se sentaient indispensables ou prisonniers d'une situation. C'est ce qui se produit souvent au sein des familles ou des communautés. Parce qu'un jour l'autre nous a aidés, nous nous sentons dans l'obligation de l'aider en retour ; or, peut-être que cela ne nous arrange pas du tout. Nous perdons la notion de liberté intérieure qui nous inspirerait à dire : « Là, dans l'instant, cela ne m'arrange pas de faire cela pour toi parce qu'il y a autre chose que j'estime beaucoup plus important. »

Il ne s'agit pas d'être égoïste ou de tomber dans l'indifférence, mais bien de se reconnaître comme nous sommes dans notre divinité, de nous installer dans cette divinité, de devenir une montagne inébranlable de paix et de joie intérieures et d'aller vers les autres pour proposer notre aide à partir de cette paix et de cette joie.

Créez votre liberté. Chaque être est libre. Peut-être que nous avons basé notre vie sur des accomplissements et des réalisations. Or, le chemin de la joie nous enseigne à ne pas nous laisser emprisonner par les détails de ces accomplissements ou de ces réalisations. Ce ne sont pas les détails qui importent, c'est le ressenti que nous voulons avoir au moment d'exécuter ces accomplissements.

Le chemin de la joie nous apprend aussi à ne pas nous laisser piéger par nos propres créations, mais plutôt à être portés par elles. Lorsque nous avons une idée très claire de ce que nous voulons recevoir ou créer, restons souples par rapport à cette idée et laissons-nous porter par elle. Qu'elle prenne la forme que l'Univers lui donne au fur et à mesure de notre évolution et ne nous accrochons pas à une forme unique et exclusive qui nous ferait repousser toutes les autres possibilités.

Si nous sommes devant un travail ou une relation qui ne nous procure pas de joie, regardons à l'intérieur de nous et cherchons à savoir pourquoi nous voulons perpétuer cette situation. Souvent, c'est parce que nous croyons ne pas mériter ce que nous voulons. Or, mériter ne signifie rien, parce que nous n'avons pas à mériter quoi que ce soit. Ce sentiment de mérite est inutile. Par notre décision de nous incarner sur ce plan physique, nous bénéficions du droit de naissance de recevoir tout ce que nous désirons. Nous n'avons pas à mériter ou à prouver que nous pouvons recevoir ce que nous demandons.

Ce n'est pas comme lorsque nous étions petits alors que pour recevoir un jouet, nous le demandions à nos parents. Parfois, ils refusaient et nous répétions notre demande en espérant les gagner à notre cause ou, la plupart du temps, nous essayions de prouver que nous avions vraiment besoin de ce jouet ou que nous l'avions mérité. Nous tentions de justifier notre demande.

Devenus adultes, nous n'avons plus à jouer ce jeu. Depuis notre naissance, nous sommes dans notre droit de recevoir tout ce que nous demandons et ce que nous activons par des visualisations et des demandes ressenties comme déjà réalisées. L'imagination est notre porte de sortie. C'est la porte qui nous mène vers qui nous sommes réellement. Nous pouvons choisir de laisser la porte ouverte aux contrastes, aux soucis et aux problèmes, ou nous pouvons franchir le seuil de la joie.

Chaque fois que vous ressentez un certain mal-être, imaginez cette porte devant vous. Vous avez le pouvoir, et le droit, de pousser cette porte pour aller vers la joie ou, au contraire, de rester dans vos soucis, vos problèmes et vos contrastes. Ouvrir la porte vers cette joie se fera à l'aide de votre imagination active, constructive et positive. Il ne s'agit pas seulement de visualiser ce que vous voulez, mais d'entrer dans votre rêve réalisé par la grande porte de la joie.

Voici d'autres questions à vous poser à ce stade : « Est-ce que vous vous empêchez de tourner court à une conversation qui n'est pas porteuse pour vous et autrui ou encore, d'en changer le sujet ? Avez-vous tendance à écouter les commérages, les critiques et les jugements des autres ? Vous sentez-vous forcé ou vous forcez-vous à accepter un rendez-vous qui ne vous intéresse pas ? »

Que la joie soit votre seul cap désormais. Le chemin de la compassion ne vous impose pas d'aimer tous les êtres. Personne ne vous oblige à aimer tout le monde. Nous n'évoluons pas dans un Univers qui oblige, force, juge ou critique. Nous évoluons dans un Univers de bien-être, de bonté, d'amour et d'appréciation. Le bien-être est partout. C'est la vibration de base de cet Univers.

Rien ne nous est imposé si ce n'est par nous-mêmes, par notre concierge intérieur. Vous pouvez choisir les personnes vers lesquelles vous vous sentez attiré, ces personnes avec lesquelles vous entretiendrez des relations harmonieuses. Vous pouvez choisir de ne plus fréquenter un certain type de personnes parce que vous vous sentez mal chaque fois que vous êtes en leur compagnie. En général, vous ne devrez même pas faire ce choix. L'Univers le fera pour vous. Si vous vous alignez sur ce que vous appréciez en vous, autour de vous et chez ces personnes, le décalage vibratoire entre vous et ces personnes triera les gens qui vous approcheront et fera en sorte que ces personnes quittent votre expérience de vie, doucement, gentiment, sans cris ni fracas.

Sur la voie de la compassion, vous rencontrerez des personnes qui seront en harmonie avec votre vibration et vous cocréerez l'harmonie ensemble. Vous les accompagnerez peut-être et vous les aiderez à entrer en contact avec leurs visions élevées.

Si vous n'acceptez pas de laisser aller certaines personnes pour pouvoir permettre à d'autres personnes beaucoup plus alignées sur votre niveau vibratoire d'entrer dans votre expérience de vie, vous risquez d'abaisser votre fréquence et de devoir remonter régulièrement sur l'échelle des émotions.

Certaines personnes me disent: « J'ai une grande amie que je connais depuis quarante ans et rien ne va plus. Chaque fois que nous nous voyons, nos vibrations s'entrechoquent. Pourtant, je ne veux pas la laisser aller. Nous avons trop de souvenirs en commun. » Cela illustre une forme d'accrochage, comme lorsque vous lancez votre canne à pêche pour accrocher un contraste. Vous l'empêchez de passer et de laisser la place à d'autres relations ou d'autres perspectives sur la relation.

Lorsque vous vivez une forme d'accrochage contrasté avec une personne que vous connaissez depuis quarante ans, si vous restez focalisé sur ce contraste, vous empêchez la relation de se développer vers un mieux-être et vous cultivez le mal-être dans la relation. Cela peut engendrer d'importants conflits qui rendront inévitable une séparation violente qui laissera des traces émotionnelles conséquentes. Certes, à partir de ce contraste émotionnel, vous lancez la fusée du désir d'avancer vers des relations encore plus harmonieuses, mais vous pourriez tout aussi bien laisser la loi d'attraction agir de manière souple et légère, en vous focalisant sur les aspects positifs que vous reconnaissez à cette longue relation ou sur les aspects positifs de vous-même. L'Univers pourra faire en sorte que le mélange entre vos deux vibrations trouve son harmonie. Soit la personne en face de vous s'élèvera vibratoirement jusqu'à votre nouvelle vibration, soit elle quittera inconsciemment votre expérience de vie, mais cela se produira de manière douce et agréable pour les deux parties.

Certains d'entre nous passent la plus grande partie de leur temps à aider les autres et à cultiver une forme de frustration. C'est ce que je faisais beaucoup auparavant, mais j'ai appris à modifier ce comportement. Lorsque vous êtes constamment en train d'aider les autres, vous pouvez avoir tendance à vous oublier et à avoir le sentiment d'être toujours obligé d'aller vers les autres et de les aider, même si vous n'en avez pas envie. Comme si la seule issue possible pour vous dans la relation, c'est d'écouter leur malheur et de désirer qu'ils s'accommodent de leur vie. Or, ce n'est certainement pas la vibration que vous voulez développer. Vous ne voulez pas que les gens se contentent de leur vie parce que ce serait les inciter à rester dans leur petitesse. Puis, ce serait aller à contre-courant du mouvement de l'Univers qui cible toujours l'expansion, le développement, le meilleur. Au contraire, vous voulez devenir un tel modèle d'expansion harmonieuse et paisible dans tous les domaines de votre vie que vous inspirerez les autres à faire de même plutôt qu'à se complaire dans leur malheur et dans leurs histoires répétitives.

Si vous aidez les autres et que vous avez l'impression qu'ils n'évoluent pas, voyez si votre aide est réelle. Si c'est le cas, si votre aide vient du plus profond de votre âme, de votre énergie de cœur, peut-être que les personnes à qui vous voulez absolument l'offrir ne sont pas prêtes à la recevoir.

Connaissez-vous l'expression suivante : « Il ne faut pas jeter de perles aux pourceaux » ? C'est une expression un peu radicale, mais qui signifie clairement que vous ne pouvez pas aider quelqu'un qui n'en a pas fait la demande. Ce serait comme vouloir gaver une oie. Un peu comme ce qui se passe avec nos enfants à l'école. Le professeur apporte des réponses à des questions qu'ils ne se sont même pas encore posées, concernant les calculs, l'écriture, les guerres, l'histoire. Un enfant qui n'a pas demandé d'apprendre à écrire ou à lire montrera par son comportement qu'il n'a pas envie de recevoir un enseignement qu'il n'est pas prêt à recevoir ou une réponse à une question qu'il ne se pose pas.

Il en va de même ici. Vous ne voulez pas aller au-devant des gens, tel un sauveur, en leur disant : « Je connais la loi d'attraction. Je sais comment elle fonctionne. Voilà dorénavant ce que tu dois faire. »

Non. Vous préférerez utiliser ces outils et intégrer le fonctionnement de la loi d'attraction au point que votre vie devienne légère, agréable, sereine et facile et que les autres viennent vous poser les questions suivantes : « Mais, comment fais-tu ? Il y a cinq ans, tu accumulais difficulté sur difficulté et là, dès qu'un problème surgit, tu trouves la solution. Tout te sourit. Tu transformes tout en or. Comment fais-tu ? »

Là, il y a une demande. Là, si vous vous sentez prêt, vous pouvez répondre à cette demande. Votre réponse touchera le cœur et l'âme de la personne parce qu'elle y sera ouverte.

La voie de la joie implique de développer votre capacité à recevoir. Vous pouvez être entouré d'amour et d'amis attentionnés, avoir un corps mince et en bonne santé, si vous le choisissez. En suivant la voie de la gratitude et de l'appréciation, vous ancrerez vos deux pieds dans le courant de la joie et du bien-être.

Pour recevoir encore plus, consacrez chaque jour quelques minutes à apprécier ce que vous avez déjà. Cela ne demande pas beaucoup de temps. Vous pouvez même le faire à différents moments de la journée. L'important, c'est de développer une vibration dominante d'appréciation pour rester dans le flux continu et abondant d'appréciation et d'amour qui est la vibration de base de l'Univers. Cette vibration vous ouvre toutes les portes de toutes les joies possibles et, dès lors, de tous les canaux d'abondance possibles.

Soyez reconnaissant même pour les choses les plus simples, comme les fleurs que vous voyez pousser au bord de la route ou le sourire d'un enfant qui vous fait du bien juste au bon moment. Très vite, vous découvrirez que l'Univers vous offre chaque jour davantage de choses à apprécier.

Vous entrez dans un cercle vertueux du bien-être :

- Vous appréciez…
- … l'Univers vous apporte d'autres choses à apprécier…
- … vous appréciez d'autant plus…
- … l'Univers vous apporte d'autant plus de choses ou de personnes à apprécier…
- etc.

Voici maintenant le cercle vicieux des pensées désagréables, qui créent une expérience désagréable :

- Je commence à juger, à critiquer…
- … l'Univers m'apporte des événements et des personnes qui me confirment que j'ai raison de juger, de critiquer…

- … je continue de juger et de critiquer d'autant plus…
- … l'Univers m'apporte d'autant plus d'événements et de personnes qui me confirment que j'ai raison de juger, de critiquer…
- etc.

Transformez ce cercle vicieux en un cercle vertueux grâce au cycle de l'appréciation.

Si vous vous intéressez à l'argent ou si vous cherchez à développer une activité florissante, posez-vous les questions suivantes et recevez vos réponses inspirées :

Suis-je prêt à prendre le risque de faire ce que j'aime vraiment ? Choisissez-vous aujourd'hui de prendre le risque de développer votre passion ?

_____
_____
_____

Est-ce que je me sens prêt à croire que l'Univers m'offrira l'occasion de faire ce que j'aime ? Me tendra-t-il la perche qui me permettra de faire ce que j'aime vraiment ? M'inspirera-t-il l'idée qui me poussera vers ce que j'aime vraiment ?

_____
_____
_____

Est-ce que je suis prêt à accueillir l'avalanche d'argent qui découlera de ce courant d'abondance infinie ?

_____
_____
_____

L'abondance vient de notre choix de nous maintenir dans le courant de l'abondance infinie, sur la voie de notre passion, donc sur la voie du but de notre âme. *Sentez-vous que vous le méritez ?*

_____

_____

_____

Acceptez-vous l'idée que, du fait que vous avez choisi de vous incarner sur ce plan physique, vous méritez de vivre dans l'abondance et de développer votre passion en sachant que l'Univers pourvoira à tous vos besoins ?

C'est une question très importante, parce que développer votre passion vous apportera le flux d'abondance que vous recherchez et vous replacera sur la spirale d'expansion de l'Univers et sur votre spirale d'expansion individuelle.

Le courant d'abondance infinie vous est accessible lorsque vous développez le but de votre âme, ou votre passion première et ultime, qui est relié au désir d'expansion de l'Univers. Lorsque ces trois éléments sont alignés, vous atteignez la réussite totale. Pas seulement sur le plan financier, mais aussi sur le plan du flamboiement personnel.

Le carburant d'énergie et d'enthousiasme qui vous permettra d'avancer vers votre passion et vers le but de votre âme vient de l'alignement de ces trois éléments : flux d'abondance, expansions individuelle et universelle.

On dit souvent que tout niveau de réussite est lié au niveau d'estime et d'appréciation de soi et que le niveau de liberté est lié aux choix que l'on note dans les différentes cases de l'agenda ou de l'emploi du temps. Imaginez de nombreux êtres incarnés sur cette planète n'accomplissant que ce qu'il y a de meilleur en eux et dans le monde. Nous cocréerions un cercle étonnamment et merveilleusement aligné. À chacune des secondes, ce cercle serait aligné puisque chacun d'entre nous serait focalisé uniquement sur le meilleur en lui et sur le meilleur en tout.

« Aujourd'hui, je décide de donner le meilleur de moi-même dans tout ce que je fais, dans tout ce que je pense et dans tous les échanges que j'entretiens avec d'autres personnes. »

Il est très important d'utiliser votre temps pour favoriser ce qu'il y a de meilleur pour vous et en vous, parce que si quelque chose n'est pas accompli pour votre plus grand bien, il ne l'est pas non plus pour celui de la planète ou celui des autres autour de vous.

⇨ Effectuez la moindre tâche pour le meilleur en vous et autour de vous.

Quelle activité pourrait m'apporter de la joie ?

Certains ne savent pas ce qui leur fait plaisir. Plusieurs personnes, dans les ateliers ou les formations, me disent : « Je ne sais plus ce qu'est la joie. J'ai accumulé tellement de contrastes que je ne peux même plus m'imaginer une émotion de joie. » Et je leur dis toujours : « Ce n'est pas possible. Il y a au moins une petite chose qui vous apporte de la joie. Ou un souvenir. Même si ce souvenir n'a duré que quelques secondes, nous avons tous des souvenirs de joie ou d'émotion de joie. »

La seule raison pour laquelle quelqu'un dit : « Je ne connais pas la joie » ou « je n'ai jamais connu la joie », c'est sa focalisation démesurée sur les contrastes de sa vie. Il ne s'agit pas d'obstination ou d'entêtement, mais bien d'une focalisation, souvent inconsciente, sur ce qui ne va pas bien, plutôt que sur ce qui va bien dans sa vie.

Si vous avez du mal à vous rappeler un moment de joie ou à ressentir une émotion de joie au cours de votre journée, décidez de rédiger une liste d'appréciation, tous les matins et tous les soirs, pendant au moins une vingtaine de jours.

Vous notez dix points que vous appréciez en vous, dans votre vie ou dans votre activité, par exemple. Même si au début vous ne trouvez qu'un ou deux éléments à noter, tout doucement l'élément que vous appréciez attirera un autre souvenir ou un autre moment d'appréciation, grâce à la loi d'attraction. Dès que vous aurez la preuve ou la manifestation d'un moment d'appréciation, vous l'apprécierez et vous amplifierez votre vibration d'appréciation. L'Univers mettra sur votre chemin d'autres personnes, d'autres occasions et d'autres souvenirs à apprécier. De nouveau, vous serez dans la spirale vertueuse de l'expansion.

Si vous vous posez la question suivante : « Quelles activités pourraient m'apporter de la joie ? » pensez à ce qui vous passionne. Chacun d'entre nous a un passe-temps, une passion, un violon d'Ingres, comme on dit. Chaque personne dans le monde a une activité favorite. Trouver votre activité favorite et ce que vous aimez faire révèle la présence de l'être divin en vous. C'est l'être divin en vous qui vous parle et vous indique ce que votre âme a choisi de développer dans cette incarnation.

Notez tout ce que vous aimez. Notez toutes les activités et les passe-temps que vous faites et, tôt ou tard, vous verrez que ces activités que vous aimez trouveront leur place dans le casse-tête de votre vie.

Par exemple, vous pouvez dire : « J'aime lire et j'aime méditer, mais ce n'est certainement pas ma voie et cela ne peut certainement pas m'apporter de l'argent. » D'un côté, vous énoncez ce que vous voulez, soit lire et méditer, et de l'autre côté, vous créez une contradiction dans votre vibration. La voix de votre concierge vient polluer votre ouverture aux possibles, comme si vous aviez poussé la porte de la joie et que votre concierge vous ramenait un pas en arrière. Peu importe ! Au moins, vous avez un indice. Vous avez lancé une nouvelle fusée de désir : « Je veux trouver ma voie et je veux trouver une voie qui me rapporte de l'argent. » À vous de vous harmoniser en vous demandant : « Vais-je dans le sens du chemin qui m'amène vers la joie ? Ou est-ce que je continue à vibrer les contrastes ? » Vous devez prendre une décision.

Donnez-vous l'autorisation et le temps de lire, de vous asseoir pour lire et méditer et vous recevrez des signes qui vous indiqueront la voie à suivre. Il est important d'écouter et d'aller dans le sens de ce que vous aimez. En effet, en allant dans le sens de ce qui vous apporte le plus de joie, vous devenez un canal pur et transparent de connexion directe avec la Source qui vous apportera la réponse à toutes vos questions et la manifestation de tous vos désirs.

Bien souvent, nous résistons à ce que nous avons le plus envie de faire parce que nous nous trouvons dans une situation où nous sommes experts d'un domaine et où nous occupons une plateforme connue avec des points de repère clairs ; nous savons comment évoluer et tout va bien. Toutefois, nous devons accéder à une nouvelle plateforme du domaine de l'inconnu, mais notre concierge nous retient plutôt que de nous laisser avancer sur la voie de l'expansion parce qu'il veut rester dans ce qu'il connaît pour garder le contrôle.

⇨ Acceptez d'entrer dans le balbutiement de la nouvelle plateforme ou de l'étape suivante de votre voie d'expansion. Il peut s'agir de donner un coup de téléphone, de lire un livre qui vous apportera des idées ou encore, de réaliser quelque chose de très ordinaire qui ne semble pas lié à la vision de votre image de réalisation, peu importe, mais c'est toujours une action inspirée.

Par exemple, vous faites quelque chose que vous aimez, comme vous promener, méditer, lire, dessiner, cuisiner. Puis, vous recevez une intuition, une inspiration concernant une action à entreprendre : « Va dans telle bibliothèque, lis tel livre, joins telle personne, rends-toi dans tel pays. » Vous suivez cette intuition et, grâce à l'action inspirée que vous entreprenez, vous permettez à toutes les forces de l'Univers de vous soutenir dans votre quête. Chaque nouvelle étape vous est indiquée par un indice tout simple, évident et toujours lié à la joie.

Votre repère, ce sont vos émotions. Si vous avancez dans une direction où vous ressentez une forme de mal-être, trouvez le moyen de pivoter vers la joie et grâce à cette vibration élevée de joie, vous recevrez la réponse ou de nouveaux indices qui vous indiqueront la direction qui vous correspond le mieux.

Chacun de nous sait ce qui lui apporte de la joie. Dès notre réveil, demandons-nous ce que nous pouvons faire au cours de la journée pour nous procurer joie et plaisir. Que ce soit là notre intention dominante pour la journée : « Qu'est-ce qui m'apporterait de la joie et du plaisir aujourd'hui ? » Et je décide de le faire. Je décide de trouver ne serait-ce que cinq minutes pour développer cette vibration de joie en moi. Ensuite, je place un sourire sur mon visage, je me regarde dans le miroir et je me souris, si possible pendant une minute. Je ne cherche pas à me focaliser sur « comment » je vais passer ma journée ou sur ma liste de choses à faire. Je ne me concentre pas sur les contrastes ou sur les problèmes auxquels je pense devoir faire face. Je prends le temps de me sourire, de m'installer dans cette magnifique vibration de joie avant de commencer ma journée.

Faites cela. Que ce soit le premier point de votre liste de tâches : sourire et baigner dans la vibration légère du sourire. Ce que j'aime beaucoup faire personnellement, c'est me représenter toutes mes cellules qui sourient, comme si mon corps était devenu un énorme sourire, comme s'il diffusait et rayonnait un énorme sourire alentour. C'est ainsi que j'entame toutes mes journées.

Voici une autre astuce découverte récemment. Comme il m'arrive de porter des lentilles de contact, j'imagine que ces lentilles sont en forme de cœur et qu'elles émettent une vibration d'amour. Chaque fois que je mets mes lentilles d'amour, je garde mes yeux clos le temps de bien les placer, le temps aussi de sentir que la vibration d'amour pénètre dans chacune de mes cellules et je ressens des frissons en devenant cette vibration d'amour et d'appréciation, de sourire et de joie. Ensuite, j'entame ma journée. Ce processus très puissant vous placera dès le matin dans une vibration d'amour et de joie. Si vous ne portez pas de lentilles, imaginez que vous placez de fausses lentilles, ou trouvez un autre moyen de jouer avec cette petite astuce. Vous connaîtrez la joie si vous vous centrez sur elle pour la ressentir, elle et seulement elle.

Imprégnez-vous d'amour dès votre réveil, par exemple. Même avant de vous lever, dès le moment où vous sortez de la torpeur, où vous revenez du plan non physique au plan physique. Dès ce moment, placez vos yeux ou vos lentilles de joie, trouvez votre manière de développer cette joie et cet amour en vous, avant même d'ouvrir la bouche, avant même de dire ou de penser quoi que ce soit. Que cela devienne un automatisme pour vous.

Quelle est votre plus haute vision ?

Voilà une question que vous voulez vous poser pour entrer plus profondément dans ce chemin de joie. Prenez le temps de vous asseoir pendant cinq minutes chaque jour, en passant en revue le programme de votre journée et en cherchant à savoir en quoi chaque rendez-vous, chaque personne, chaque appel téléphonique s'accorde au but de votre âme.

Faites cela tous les jours. Tâchez de faire en sorte que chaque action que vous entreprenez, ou que vous devez entreprendre parce qu'elle fait partie de votre fonction professionnelle, par exemple, vous rapproche de votre but. En quelques mois, vous serez en route vers votre but.

En demeurant dans cette vibration d'authenticité et de proximité avec le but de votre âme, vous découvrirez de nouvelles manières de doubler vos revenus. Ces voies vous seront inspirées.

Vous recevrez des idées « à cent cinquante mille dollars », des idées « à un million cinq cent mille dollars », parce que vous serez axé sur la vibration du but de votre âme.

Si vous ne connaissez pas votre but ou votre voie, créez-en un symbole. La première idée qui vous vient est souvent la meilleure. Accordez-vous un moment de calme, dans un endroit où vous n'êtes pas dérangé, et visualisez-vous en train de tenir le but de votre âme dans vos mains. Peu importe sa forme. Il peut s'agir d'une boule, d'un grand cœur ou de toute autre forme. Apportez ce symbole dans votre cœur, puis dans votre chakra « coronal », situé au sommet de votre tête, et abandonnez ce symbole aux bons soins de votre âme et de l'Univers.

En très peu de temps, vous obtiendrez des résultats très concrets et très tangibles et vous découvrirez qu'à la simple pensée du but de votre âme, vous réorganiserez votre journée de façon magique et magnétique. Vous ne vous retrouverez plus la tête entre les mains devant votre longue liste de tâches, en train de vous dire : « Comment vais-je arriver à tout faire ? » Vous remettrez le fardeau de son organisation entre les mains de l'Univers et celui-ci agencera tout de façon aisée et légère pour vous. Il vous amènera facilement les gens nécessaires pour vous aider et les occasions qui faciliteront votre progression.

Très rapidement, vous verrez que les amis auxquels vous donniez le droit de vous « ravir » votre temps parce que vous ne vous écoutiez pas ne seront plus attirés vers vous et vous ne serez plus attiré vers eux. Ou ils seront attirés vers vous dans le respect de votre temps et de vos choix. Vous attirerez également de nouveaux amis et de nouvelles personnes et vous changerez imperceptiblement la nature de vos amitiés de longue date.

Pour revenir à l'exemple de cette amitié de quarante ans, elle pourra se maintenir à un autre niveau d'échange parce que vous aurez défini une nouvelle fréquence grâce à votre focalisation sur votre joie ultime et sur le but de votre âme. Vos relations familiales ou vos amitiés de longue date en bénéficieront. Tout ce sur quoi vous porterez votre focalisation bénéficiera de votre évolution. La compassion, c'est l'attention que nous nous portons à nous-mêmes et qui bénéficie aux autres alentour.

⇨ Développons l'estime de nous-mêmes et l'estime que nous avons pour notre temps précieux. Ce temps est illimité lorsque nous suivons la voie de notre âme, mais il demeure précieux. Nous voulons accorder notre temps, c'est-à-dire notre vie, à tout ce qui nous procure un sentiment de joie et de bien-être et uniquement à cela, puisque c'est la seule chose que nous voulons amplifier et attirer dans notre vie.

Nous ne « devons » donner notre temps à personne. Il n'y a pas de « devoir » temporel. Il n'y a que le choix et la décision d'accorder notre focalisation, qu'elle soit du temps ou de cœur, à ce qui nous apporte uniquement de la joie.

Lorsque nous nous responsabilisons par rapport à ces choix et à ces décisions, lorsque nous affirmons que nous sommes une personne unique et précieuse, l'Univers tout entier l'affirme également. L'Univers tout entier répond à cette nouvelle vibration d'estime, de valeur et d'appréciation de soi et il la soutient.

⇨ Vibrez la joie, l'amour et l'appréciation. C'est dans cette vibration de joie, d'amour, d'appréciation et d'estime de vous-même que vous découvrirez et nourrirez avec succès le but de votre âme. Cultivez cette vibration tout au long de vos journées et voyez toutes les perches que l'Univers vous tend, toutes les personnes qui vous approchent, toutes les personnes qui s'éloignent aussi, doucement et imperceptiblement. Pensez à fêter et à célébrer le plus possible chaque journée de votre vie en vous souriant dès le matin et en imaginant vos millions de cellules souriantes, rayonnantes de joie et d'amour infini, attirant l'abondance illimitée et infinie de l'Univers pour vous et autrui.

Que vitalité et joie vous accompagnent chaque jour !

EXERCICE

Si vous vous surprenez à entretenir une pensée de peur, de tristesse, de colère ou de jalousie, voici plusieurs nouveaux outils d'harmonisation puissants.

La rédaction virtuelle

Si vous avez des doutes au sujet de votre capacité à réaliser une tâche nécessaire pour la manifestation de votre rêve, asseyez-vous et notez pourquoi cette tâche « s'est avérée totalement réussie ».

Rédigez un compte rendu de l'événement ou de la tâche magnifiquement accompli. Tout ce que vous notez est positif. Ce n'est pas le moment d'être raisonnable ou logique et ne laissez pas votre mental corriger chaque énoncé. Par exemple, vous pourriez écrire : « La réunion avec le banquier a porté des fruits parce que nous étions bien préparés. Nous connaissions notre sujet à fond. Le banquier s'est montré très sympathique dès qu'il a compris le but de notre projet. Notre équipe de gestion est solide et nous trouvons toujours le bon mot au bon moment. »

Par contre, si vous notez que « nous sommes les meilleurs du monde dans tout ce que nous faisons », votre mental pourrait ne pas le croire. Nous cherchons à harmoniser ici des pensées ou des croyances désagréables en les développant en affirmations ou en images agréables.

Ho'oponopono

L'Ho'oponopono est la méthode hawaïenne de purification ou d'affirmation de notre identité divine. Je vous propose ici une adaptation très personnelle de cette méthode puissante.

Prenez la responsabilité entière de tout ce qui se produit dans votre expérience de vie. Si quelqu'un vous coupe la route sur l'autoroute, par exemple, dites : « Je t'aime, divinité. Merci d'être là pour me montrer comment m'harmoniser davantage. C'est fait... » Ou dites : « Je t'aime, divinité. Merci d'harmoniser par ta lumière ce schéma aliénant pour moi et le monde. C'est fait... »

Ici, nous acceptons la responsabilité de tout contraste ou de toute pensée négative qui nous vient à l'esprit. Une fois que nous acceptons cette responsabilité, nous pouvons demander l'aide de la Source pour nous harmoniser. Ensuite, nous développons la conviction que l'Univers – le créateur, la divinité – nous a aidés à nous harmoniser. Nous sommes libérés de cette forme de négativité.

Nous développons ainsi une personnalité qui tire derrière elle de moins en moins de vieux bagages aliénants, ou une personnalité pour laquelle l'ego n'interfère plus avec le travail et l'inspiration de la partie divine en nous. Nous retrouvons la clarté que nous avions avant les événements désagréables vécus et avant que tristesse et déception ne nuisent à notre vie.

Cela ouvrira notre esprit et notre cœur à des idées toujours plus grandes de bien-être, de richesse et d'abondance. Bientôt, nous détiendrons l'essence de nos rêves, ou mieux encore.

Chapitre 9

S'ENRICHIR QUOI QU'IL ARRIVE

Un soutien inattendu apparaît lorsque vous êtes aligné sur ce que vous désirez faire. Les portes s'ouvrent de manière totalement insoupçonnée.

Quel est le meilleur moyen de rester aligné malgré ou grâce à tout ce qui se dit et à tout ce qui se passe dans le monde en ce moment, qui ressemble au chaos et qui marque toutefois les prémices d'une renaissance.

De nombreuses personnes se moquent de l'idée qu'il existe une forme de science exacte qui nous permettrait de nous enrichir et d'être prospères. Ces personnes s'en moquent parce qu'elles ont l'impression que les réserves de richesses sont limitées et qu'il n'y a pas d'abondance de fait. Elles insistent sur la nécessité que les institutions sociales et gouvernementales, les autorités et les administrations changent, pour qu'un nombre considérable de personnes acquièrent la capacité d'être riches.

Or, il n'est pas nécessaire d'attendre, ni même de vouloir, que les institutions et l'administration changent pour que nous puissions avoir accès à la prospérité, puisque tout dépend de nous.

S'il est vrai que les gouvernements actuels un peu partout dans le monde maintiennent leurs « peuples » dans la pauvreté, c'est uniquement parce que la population en elle-même ne pense pas et n'agit pas de façon délibérée et créative. Elle ne le fait pas parce qu'elle n'est pas consciente de son pouvoir de création et de manifestation de tous ses désirs.

Si une plus grande partie de la population se développait et avançait vers la maîtrise de la création délibérée, ni les gouvernements ni les systèmes industriels et financiers ne pourraient stopper cette tendance.

Ce que nous vivons maintenant, c'est une purification des systèmes de masse. Tous les systèmes doivent subir des modifications pour pouvoir s'adapter au mouvement en avant qui prend de plus en plus d'ampleur. De plus en plus de personnes se posent des questions, font des choix et prennent la décision de se réapproprier leur pouvoir et de prendre leur vie en main. Dès lors, les systèmes existants doivent s'effondrer pour se renouveler et doivent peut-être même être abolis afin de laisser la place à l'individualité de chacun plutôt qu'à une espèce de généralisation et d'uniformisation des esprits en vue de les intégrer dans des moules.

Si une majorité de la population développe cet esprit d'avancement, de progrès et de récupération de son pouvoir, si elle a foi en son enrichissement possible et si elle avance avec une détermination très ferme vers son enrichissement, rien ne peut la maintenir dans la pauvreté. Cette foi, cet esprit d'avancement et cette certitude intérieure, individuelle et de plus en plus collective, constituent la base même de l'élévation croissante de la vibration planétaire.

N'importe qui peut s'engager sur la voie de la création délibérée à tout moment, sous n'importe quel gouvernement, et trouver ainsi un moyen de s'enrichir. Dès le moment où nous nous engageons avec détermination et foi à nous enrichir quoi qu'il arrive, peu importent les systèmes et les gouvernements sous lesquels nous vivons. Plus nous serons d'individus à le faire, plus nous provoquerons une telle modification des systèmes que nous ouvrirons la voie à tous ceux qui veulent faire de même. Par contre, plus il y aura de personnes sur cette planète qui deviendront riches par l'entremise de la compétition et de la concurrence, plus la situation risque de dégénérer pour elles. Pourquoi ? Parce que sur ce plan de compétition et de concurrence, elles jouent un jeu d'abus de pouvoir les unes envers les autres. En même temps, il y aura toujours des personnes qui voudront jouer ce jeu, et c'est parfait ! Cela fait partie de la diversité offerte par cet Univers. Acceptons cela et focalisons-nous sur ce que nous voulons mettre en œuvre désormais.

Comment tirer le meilleur parti de chaque situation ?

L'important, c'est d'apprécier l'évolution de votre désir. Il ne s'agit pas de regarder uniquement la destination que vous voulez atteindre ou le désir que vous voulez obtenir, de vous focaliser dessus au point d'en oublier le présent et de le maudire, mais plutôt d'apprécier le voyage que vous faites vers la manifestation de ce désir. Il s'agit d'apprendre à aimer le sentiment frais et nouveau de percevoir l'éclosion de votre nouveau désir.

En prenant conscience de l'éclosion du nouveau désir, vous devenez conscient de votre désir d'avancer avant même que ce nouveau désir ne soit manifesté.

Il s'agit d'apprécier le flux continu d'un désir lancé, suivi d'un nouveau désir qui éclot, lui aussi lancé ; le premier désir se manifeste, un troisième désir est lancé ; le deuxième désir se manifeste, et ainsi de suite. Je ne dis pas que ce processus se produit spécifiquement de cette manière, car parfois le troisième désir se réalise avant le premier. Tout dépend de vos résistances par rapport au désir. Tout dépend de votre vibration dominante. Apprenez désormais à aimer ce flux continu de lancements et de manifestations. Et veillez à pouvoir répondre oui à la question suivante : « Aimez-vous l'évolution de votre désir malgré le fait qu'il ne soit pas encore manifesté ? Aimez-vous ce sentiment de fraîcheur et de nouveauté chaque fois ? » Votre oui indique que vous avez atteint un niveau intérieur où votre nouveau désir encore inassouvi vous offre un ressenti de nouvelle vie. Ce nouveau désir vous vivifie puisqu'il vous permet d'être totalement rebranché à qui vous êtes réellement, un être divin.

Souvent, lorsque vous êtes devant quelque chose que vous désirez et qui ne s'est pas encore manifesté et, qu'en outre, vous ne pouvez pas encore percevoir la voie par laquelle ce désir se manifestera, vous vous découragez et vous oubliez que vous êtes un être divin éternel et illimité. Vous oubliez aussi que vous n'aurez jamais fini de lancer de nouveaux désirs et de vouloir de nouvelles choses. Vous êtes à contre-courant de votre désir et vous allez dans le sens inverse de la manifestation et de la réalisation de tous vos rêves.

Mais si, devant un nouveau désir inassouvi, plutôt que de vous torturer de son absence, vous vous sentez vivifié parce qu'il vous permet de lancer une nouvelle idée, alors vous êtes branché à l'Énergie de la Source. Vous êtes cette Énergie de la Source physiquement incarnée en vous et vous êtes sur la bonne voie. Vous êtes dans le sens du courant.

Malheureusement, nous ressentons très souvent de la frustration par rapport à l'inaccomplissement d'un de nos désirs. Comme si, une fois que ce désir allait se manifester, tout irait mieux dans notre vie. S'il est amusant de manifester un désir et si nous voulons tous que nos désirs soient accomplis, il est important de nous souvenir que dès qu'un désir est accompli, d'autres éclosent. Ce processus n'est jamais fini. Tous nos désirs accomplis feront surgir de nouveaux désirs.

Pourquoi ne pas simplement nous détendre et accepter que nous soyons tous des êtres éternels ? Éternels parce que nous baignons dans un flux éternel de lancements et de manifestations de désirs. Acceptons cela, détendons-nous devant cette situation et, si nous laissons faire ce flux, nous nous libérerons d'un poids énorme par rapport à ce qui n'est pas encore accompli.

Lorsque nous ne nous sentons plus mal à l'aise ou inconfortables par rapport aux désirs qui ne sont pas accomplis et que nous sommes satisfaits de tout ce que nous avons déjà, de tout ce qui est déjà présent dans notre vie et de tout ce que nous sommes nous-mêmes, alors nous pouvons lancer et manifester davantage de désirs parce que nous sommes dans une position vibratoire parfaite pour permettre la réalisation régulière de nouvelles idées en constante évolution.

Lorsque nous observons ce qui est et ce que nous avons déjà et lorsque nous laissons ce qui est être la raison principale ou la base même de la vibration que nous offrons, nous ne pouvons pas aider cette réalité à changer. Parce que notre vibration ne s'applique qu'à ce que nous voyons et observons. Tant que nous observons que nous n'avons pas suffisamment d'argent ou que nous n'avons pas l'appartement ou la maison désirée, tant que nous n'offrons une vibration associée qu'à cette situation-là, nous ne pouvons pas laisser tous nos désirs s'accomplir puisque nos désirs sont liés à une vision améliorée de ce que nous voulons, plutôt qu'à ce qui est.

Focalisons-nous sur notre vision idéale plutôt que sur ce que nous observons. Comme la loi d'attraction dit que «tout ce qui se ressemble s'assemble», si nous entretenons dans notre conscience que nous n'avons pas suffisamment d'argent, que nous en parlons et que nous le ressentons sans cesse, que nous perpétuons une vibration continue de ce manque d'argent, même si nous demandons plus d'argent et même si nous offrons une action qui devrait permettre à plus d'argent d'entrer dans notre expérience, ce surplus d'argent ne peut pas venir parce qu'il est vibratoirement décalé par rapport à la vibration que nous offrons quotidiennement.

Dès aujourd'hui, je vous invite à développer une attitude de satisfaction par rapport à la réalité de votre vie. Une attitude qui vous permet de tirer le meilleur parti de ce qui est, tout en anticipant ardemment son évolution. Lorsque vous vibrez cette prise de conscience et cette ligne de pensée, vous êtes dans la position vibratoire parfaite pour attirer aisément, facilement et joyeusement tout ce que vous désirez.

⇨ Profitez au maximum de ce qui est présent dans votre réalité et dans votre expérience. Profitez de chaque situation de votre vie, même des contrastes. Vous vous enrichirez quoi qu'il arrive !

Chapitre 10

LA PASSION AMOUREUSE

La passion peut être contagieuse. Lorsque les autres vous entendent parler de votre passion, ils veulent en faire partie.

Nous avons tous des schémas mentaux et émotionnels qui guident la manière dont nous pensons, dont nous agissons et dont nous répondons à notre environnement. Ces schémas sont enracinés dans les croyances et les concepts que nous avons appris dès le moment où nous sommes entrés dans ce monde. Malheureusement, la plupart de ces concepts ne reflètent pas la vraie nature de la vie. Ils ne nous aident pas à vivre des vies plus accomplies et plus joyeuses.

Lorsque vous étiez un bébé, vous avez expérimenté le monde presque entièrement par vos sens. Vous avez vu des choses, entendu des choses, goûté des choses, ressenti des choses et humé des choses. Il était normal de supposer que ces choses étaient séparées de vous-même. Vous avez grandi et les concepts qui vous maintenaient séparé et distinct des autres personnes, des situations et des circonstances de votre vie furent renforcés maintes fois.

Il n'est pas étonnant que vous ayez commencé à ressentir que certaines personnes pouvaient vous blesser, que certaines situations pouvaient être dangereuses pour vous, que le bien et le mal existent. Vous avez expérimenté l'amour, mais c'était toujours un amour conditionnel. Vous aimiez certaines choses si elles étaient d'une certaine manière, vous aimiez certaines personnes si elles s'adaptaient à votre modèle de ce qui est «aimable».

Vivre une vie véritablement passionnée et reliée à la source en nous, exige de passer de l'amour conditionnel à l'amour inconditionnel, de transformer un cœur parfois ouvert et disponible en un cœur tout le temps ouvert et disponible. Tout le monde aspire à être aimé inconditionnellement, à être accepté tel qu'il est. Pourtant, être aimé de cette façon nous demande d'apprendre à donner de l'amour de cette façon.

Comment aimer inconditionnellement, sans être blessé, sans être en danger?

La vérité, c'est que l'amour et le risque sont inséparables. Pour être aimé sans réserve, vous voulez d'abord aimer sans condition. Vous voulez risquer tout et vous ouvrir totalement. La première étape consiste à apprendre à vous aimer sans condition. Dès lors que vous pouvez faire cela, vous serez toujours en sécurité. Votre amour sera toujours équilibré. Amour de l'autre et amour de vous-même.

Emmet Fox décrivait le pouvoir de l'amour par ces mots: «Il n'est aucune difficulté que suffisamment d'amour ne conquerra, aucune maladie que suffisamment d'amour ne guérira, aucune porte que suffisamment d'amour n'ouvrira, aucun fossé que suffisamment d'amour n'enjambera, aucun mur que suffisamment d'amour ne détruira, aucun péché que suffisamment d'amour ne rachètera.»

⇨ Faites ce pas vers une nouvelle manière d'être dans ce monde. D'expérience, je dirais que pour pouvoir apprécier ce qu'Emmet Fox décrit ici, il convient de transformer les schémas mentaux et émotionnels limités qui ont guidé votre vie jusqu'à présent.

Voici le fin mot d'Emmet Fox. C'est un énoncé puissant sur la vérité de la vie : « Peu importe la profondeur d'ancrage de la difficulté, ou la taille de l'erreur, une manifestation suffisante d'amour résoudra tout. Si vous arrivez à aimer suffisamment, vous êtes l'être le plus heureux et le plus puissant au monde. »

Trouver votre passion dans la vie, c'est comme trouver l'amour de votre vie. Qu'est-ce qui vous empêche de trouver votre passion dans votre vie en général et dans le domaine de l'amour, ici et maintenant ?

Commencez tout de suite :

⇨ Soyez quelqu'un de frais et de léger tout le temps.

⇨ Soyez quelqu'un de souriant et d'heureux.

⇨ Soyez quelqu'un qui suggère un désir et qui le reçoit aisément dans son expérience.

⇨ Soyez la passion, l'aventure et l'enthousiasme.

Vous vacillerez entre joie, satisfaction, vitalité, amour et désir. C'est un état d'être merveilleux.

L'avenir vous attend. Un avenir plus lumineux et plus beau que celui que vous pourriez imaginer. L'amour est toujours là pour vous. Peu importe que vous vous sentiez éloigné de lui parfois, en vérité, il est éternellement présent. L'amour vous éveille et vous révèle joyeusement votre véritable nature et la nature aimante de la réalité. Il apporte l'harmonisation, les réponses et les prises de conscience qui transforment votre vie en tout ce qu'elle peut être. L'amour change littéralement tout pour le meilleur. L'amour ouvre les portes d'un avenir en or et d'une vie remplie du bonheur et des succès que vous désirez.

Suivez la voix de l'amour

La voix de l'amour est la voix de votre cœur qui exprime la sagesse de votre âme, ce grand « vous » qui dépasse votre petite personnalité, votre concierge. Elle est pure, libre et non influencée par le mental conditionné et la pensée limitée. Elle est toujours gentille et parle avec compassion de vous-même et des autres. Elle cherche à comprendre le « pourquoi » derrière le « quoi », l'intention lumineuse derrière chaque acte, l'innocence au cœur de tout.

L'amour recherche et, dès lors, trouve l'amour et considère la négativité pour ce qu'elle est : un appel à une plus grande compréhension, une occasion de lâcher prise ou un véhicule qui permet de grandir et d'installer une force intérieure inaltérable.

Comment savoir quand la voix de l'amour s'exprime ?

Lorsque vous jugez, accusez ou ignorez une personne, aveuglé par une attitude limitative, la peur ou la colère, la voix de l'amour en vous peut s'avérer difficile à entendre. Sachez que la voix de l'amour vous fait vous sentir invariablement bien. Pas de manière égoïste comme lorsque vous vous sentez « supérieur à » ou lorsque vous pensez avoir raison, mais parce que vous comprenez votre propre nature divine et la nature divine d'autrui, même si vous-même ou autrui s'en est plus ou moins éloigné.

L'amour vous relie à votre valeur. Il vous nourrit abondamment d'appréciation personnelle et des autres, en recherchant seulement le meilleur chez autrui. Même s'il exprime une sagesse qui défie votre perspective actuelle, il le fera affectueusement et avec la grâce de la compassion, ce qui permettra à ces vérités d'être aisément assimilées.

L'amour vous fait savoir que tout va bien, que vous avez de la valeur et que vous appartenez au tout. Il apporte ces prises de conscience et d'autres vérités divines, dans l'harmonie, telle une lumière dorée qui vous remplit entièrement en restaurant paix, bien-être, foi et joie. La voix de l'amour réveille l'espoir et éclaire la voie de n'importe quelle situation. Elle vous rappelle que vous êtes aimé, aimant et aimable et c'est finalement tout ce que vous devez savoir. Lorsque vous acceptez et adoptez cette vérité, vous demeurez dans un sanctuaire de paix divine et la négativité extérieure s'écarte ou ne vous tracasse plus.

L'amour éclaire la perle que cache n'importe quel contraste et vous encourage à avancer. Il vous rappelle que le changement est toujours dans l'instant, car le miracle de l'amour, c'est que n'importe quoi peut être guéri en un instant en s'éveillant à l'amour.

La voix de l'amour peut vous arriver directement comme un rayon laser, un brin de soleil, un pétillement de rire ou une douce vague qui vous enveloppe dans de la lumière liquide. Ses messages peuvent être profonds et transformateurs, ou légers et espiègles.

La voix de l'amour peut avoir des tonalités variables, mais une chose est sûre, elle vous laissera toujours avec un meilleur sentiment concernant vous-même et autrui. Elle nourrit votre cœur comme un baume curatif et vous rappelle cette vérité essentielle que seul l'amour est vrai et qu'il se trouve au cœur de tout.

La voix de l'amour peut être étouffée, obscurcie ou bloquée par les programmes du concierge, les distractions journalières, le stress, les croyances négatives, les soucis, une blessure, l'ignorance ou des émotions aliénantes. Votre petite personnalité, ses programmes et la pensée conditionnée et limitée peuvent submerger les douces mélodies de l'amour.

C'est pour cette raison que prendre le temps d'être calme, de méditer, de faire une pause, de penser et de vous reposer peut vous aider à vous rebrancher à la voix de l'amour en vous. Écoutez la voix de l'amour dans la maison bondée du mental. Il parle doucement, mais ses échos sont infinis. La nature, si imprégnée d'amour, peut également être une merveilleuse manière de vous ouvrir à un plus grand amour. Sa beauté remue le cœur et l'âme et vous élève vers des états supérieurs de conscience.

La voix de l'amour est la voix de votre partie divine, cet être spirituel que vous êtes, et du créateur. Votre partie divine est l'aspect le plus élevé de votre conscience, le plus proche de la Source. Elle vous connaît à fond, plus que vous ne vous connaissez vous-même et elle vous aime totalement et inconditionnellement.

Les méditations et les autres exercices pour développer votre intuition et vous lier à la partie divine en vous peuvent vous aider à atteindre et à écouter plus étroitement l'appel de l'amour, la guidance et les prises de conscience qui vous sont disponibles chaque moment.

Vos émotions peuvent également vous guider dans votre connexion à l'amour. Si vous vous sentez mal, vous serez moins ouvert à la voix de l'amour, et c'est parfait. Vous êtes venu ici pour expérimenter le spectre de l'émotion humaine afin de pouvoir choisir de vibrer la joie sous toutes ses formes. Vivre authentiquement, c'est être en contact avec toutes vos émotions. L'amour ne peut être ressenti continuellement, même s'il est continuellement disponible.

Quelles que soient vos émotions, commencez par les honorer et les accepter. Ne les niez pas, ne les jugez pas, ne les évitez pas et ne les réprimez pas. Reconnaissez-les et permettez-leur d'être ressenties et éprouvées afin qu'elles puissent s'écouler aisément à travers vous et être libérées. Lorsque vous vous permettez de les ressentir, vous traversez diverses couches émotionnelles. Bien vite, vous vivrez une douce purification en vous libérant des émotions plus denses. Dans l'éclat et l'espace qui suivent, l'amour pourra plus aisément briller, tel le soleil qui perce les nuages et les dissipe.

La voix de l'amour connaît le but de votre âme et les réponses à vos questions. Elle connaît votre véritable nature et celle des autres. Elle apporte joie, sagesse, harmonisation et nouveaux commencements. Elle vous permet de laisser aller d'anciennes expériences douloureuses en maintenant grande ouverte la porte de l'oubli, et vous procure un sentiment précieux de liberté et de renaissance.

L'amour est la force d'harmonisation la plus puissante. Il n'est rien que suffisamment d'amour ne puisse harmoniser, transformer et transcender. C'est ainsi que je vous invite désormais à développer la passion amoureuse.

Chapitre 11

DE LA PASSION À LA PAIX

La vie est conçue pour vous maintenir sur l'autoroute cosmique qui vous mène vers la joie et l'accomplissement croissant.

Sachez que plus vous évoluez, plus votre vie devient paisible et joyeuse. Faites un genre de « bilan » des quelques dernières années que vous avez passées et du caractère paisible et joyeux que votre vie a acquis grâce à votre évolution et à votre compréhension de tout cela. Vous êtes davantage en contact avec la partie divine en vous qui est stable, équilibrée et calme. Plus vous évoluez spirituellement, plus vous vibrez cette paix intérieure et cette stabilité intérieure. Vous ferez ce que vous aimez et vous accomplirez le but de votre âme avec un sentiment profond de satisfaction intérieure. Vous vous développerez intérieurement et, dès lors, extérieurement.

À un certain niveau de votre évolution, les désirs disparaissent et vous *êtes* tout simplement. Vous revenez à l'essence de qui vous êtes. Les désirs disparaissent dans le sens où ce ne sont plus des ballons dont vous tenez toujours le fil par peur de le lâcher parce que vous avez tellement envie de recevoir l'argent, la maison ou l'emploi espéré et que vous gardez ce désir bien attaché à vous. À ce nouveau stade d'évolution, vous lâchez votre ballon de désir, vous laissez votre fusée de désir faire son chemin dans l'Univers et vous rapporter des fruits.

À ce stade, vous ne désirez pas, vous ne voulez rien et vous n'êtes plus dans l'état d'avoir ou de ne pas avoir. Vous êtes dans une vibration où tout est parfait. Que vous ayez ou que vous n'ayez pas votre désir, c'est parfait. Il n'y a pas de différence émotionnelle pour vous, que vous obteniez quelque chose ou que vous ne l'obteniez pas, puisque de toute manière vous n'avez plus de désir.

Je vis cela désormais. Je suis arrivée au stade où j'ai encore des projets et des désirs, c'est vrai, mais je ne m'y accroche pas. Je lance l'idée et je continue mon petit bout de chemin. Je continue à faire ce que j'aime, à profiter de chaque instant passé avec mes enfants, avec mon mari, seule, dans ma vie de tous les jours. Tout d'un coup, je vois les miracles et les cadeaux arriver.

Ce n'est plus comme avant où je lançais un désir et je forçais les choses pour qu'elles avancent. Je vérifiais où j'en étais après autant de jours ou autant de mois. Désormais, je suis dans l'essence à chaque instant et je reçois ce qui vient. J'accepte tout ce qui vient, comme cela vient. Je n'essaie plus de contrôler ce qui est là.

Tant que nous ne sommes pas arrivés à ce niveau, nous utilisons les désirs comme les outils qu'ils sont, c'est-à-dire des outils pour nous permettre d'évoluer. Utilisons-les de la bonne manière en lançant des désirs qui expriment ce que nous désirons réellement expérimenter dans notre vie de tous les jours.

Si nous avons des désirs, c'est pour avancer dans cette évolution, devenir notre grande partie divine, la grande présence en nous, et contribuer à l'évolution de la planète, et de l'Univers tout entier. Désirez cette évolution, votre évolution personnelle, jusqu'à en faire une pensée omniprésente, parce que plus vous désirez cela, plus vous donnez une orientation spirituelle à tout ce que vous faites. Plus vite vous parvenez à la paix.

Si vous désirez évoluer, si c'est quelque chose d'important pour vous, examinez vos croyances sur l'évolution. Que vos croyances soient souples. Que votre esprit soit ouvert. Faites confiance à l'Univers comme à un ami. Cultivez le paradoxe. Comme je vous le partageais plus haut, que j'aie ou que je n'aie pas mon désir, c'est pareil. Mon humeur, ou mon émotion, demeure toujours élevée parce que mon intention est de vibrer haut. Ce n'est pas le fait que j'aie ou que je n'aie pas la manifestation de mon désir qui me fait changer d'humeur, c'est à l'intérieur de moi que je laisse vibrer haut la partie divine, quoi qu'il arrive.

Grandir et évoluer dans la joie demande bien moins de temps et d'énergie que d'évoluer dans la lutte. Avancez dans cette joie, dans ce bien-être, dans cette détente. Certaines personnes aiment dire que leur évolution a été difficile, comme si la lutte était un accomplissement. Il serait bien plus amusant de faire circuler des histoires qui racontent que l'évolution se produit aisément. Nous n'avons pas besoin de travailler dur, jour et nuit, de nous épuiser, de vivre d'incroyables aventures ou de surmonter d'énormes obstacles pour arriver à un but important et nous développer.

Je vous ai déjà parlé de l'éveil que j'ai connu à treize ans, lors de la traduction d'un passage de *La république* de Platon, qui décrivait la vie dans une grotte. Ces personnes, croyant que leur ombre était la seule chose qui existait, n'ont jamais ressenti le besoin de sortir de la grotte pour aller vers la lumière du soleil. À la suite de cela, j'ai vécu une espèce de crise existentielle qui m'a totalement démoralisée et qui m'a fait traverser une période assez sombre où j'ai commencé à écrire pour « cracher » l'espèce de désintéressement total et d'incompréhension que je vivais. Je me demandais sans cesse : « Pourquoi vivre sur une planète qui n'est qu'un énorme parc d'attractions ? Cela n'a pas de sens ! » Soudain, à cet âge, j'ai compris que ce monde, souvent fait de faux-semblants et de jeux de pouvoir, n'était qu'une immense scène de théâtre où chacun joue un rôle ridicule. Or, cette expérience fut un excellent déclencheur, car même si ce fut une période longue et difficile à vivre, grâce à ce vécu, même sans avoir encore compris le sens de ma venue ici, lors de mes dix-neuf ans, j'ai déclaré : « J'en ai assez d'être triste. À partir d'aujourd'hui, je choisis d'être joyeuse le plus souvent possible. » Cette décision m'a énormément aidée dans les situations difficiles à venir, mais il n'est pas nécessaire non plus de passer par tant de souffrance. Certaines personnes reçoivent ce genre de révélation au moyen d'un rêve ou d'une expérience de mort imminente (NDE en anglais) qui peut être vécue comme un événement tout à fait agréable.

Il n'est pas nécessaire d'imaginer que l'évolution, ou l'éveil, est complexe ou difficile. Vous pouvez demander d'évoluer aisément et facilement. La plupart d'entre vous, au stade d'évolution actuel, ont traversé des moments d'extase où tout s'ouvrait devant eux. Un de mes meilleurs moments de compréhension de mon unité avec le tout s'est produit à la fin d'une journée d'escalade en Belgique. Je m'étais arrêtée à presque trente mètres sur la roche, juste avant mon but, et je m'étais retournée pour admirer le paysage. Un magnifique coucher de soleil se reflétait sur le canal qui longeait les rochers. C'était magnifique ! J'ai vécu comme une ouverture du cœur et j'ai laissé aller un : « Wow ! Ça, c'est la vie, voilà la vraie valeur de la vie. » Ce sont tous ces efforts réalisés dans la joie et le plaisir de me sentir physiquement bien et en pleine santé, dans la nature, accompagnée d'amis. C'est faire ce que j'aime et recevoir cette récompense, ce paysage magnifique, vibrant de beauté et d'unité. J'ai ressenti une grande ouverture et j'ai vécu une sorte d'accouchement spirituel. Vous pouvez vivre l'éveil d'une manière douce ou contrastée. À vous de choisir.

Certains se créent des accidents qui les laissent parfois même hémiplégiques ou tétraplégiques pour arriver à comprendre tout cela, mais ce n'est pas nécessaire. Vous pouvez choisir que votre évolution se produise avec facilité et aisance.

Rappelez-vous aussi que l'évolution n'est jamais terminée. Vous retirez une couche de l'oignon de votre ego pour pouvoir en révéler une autre. À chacune des révélations, à chacun des retraits d'une couche, qui agit comme une petite mort puisque c'est une illusion qui tombe, vous pouvez choisir que ce processus se fasse aisément, facilement et sans souffrance. Beaucoup disent alors que c'est trop facile et sont troublés par le fait que cela leur paraît trop beau pour être vrai, car la plupart des statues érigées un peu partout dans les villes sont dédiées aux personnes qui ont lutté, qui ont gagné une guerre, qui ont perdu un bras, une jambe, un œil ou même un collègue. C'est comme si, dans la société actuelle, nous portions aux « limbes » tout ce qui était difficile.

Vous voulez inverser cette tendance et vous dire : « Oui, c'est très facile, et c'est parfait que ce soit trop beau pour être vrai. J'aime quand c'est trop beau pour être vrai. De toutes les manières, l'Univers ne m'apporte que ce qui est trop beau pour être vrai. Puisque ce qui est "vrai", c'est ce que mon mental est capable d'imaginer. Or, mon mental est limité, donc, ce que l'Univers m'apporte sera toujours trop beau pour lui. Autant me dire tout de suite que je préfère recevoir ce qui est trop beau pour être vrai. »

Lorsque vous élevez votre vibration, vous découvrez que vos désirs sont bien plus faciles à obtenir. La difficulté ne réside pas dans la manifestation de vos désirs, mais bien dans la grandeur de votre vision. Investissez votre énergie divine et humaine dans tout ce qui vous apporte de la joie et développez le sentiment d'extase créatrice. Si vous vivez en ce moment dans une situation moins joyeuse, celle-ci vous révèle un désir important pour vous à ce stade. Plus la situation vous semble difficile, plus le désir est important.

Chaque fois que vous êtes en situation de « crise », joignez la partie divine en vous et puisez-y un nouveau sentiment de force et de courage. Toute crise représente le retrait d'une couche de l'oignon de votre concierge. La pelure sous-jacente offre une substance beaucoup plus proche de qui vous êtes réellement. C'est un peu comme si vous enleviez une peau qui ne vous sert plus et qu'une nouvelle peau se trouve déjà là. Elle vous attend. Elle est prête, en dessous. Vous pouvez choisir de recevoir vos désirs et d'obtenir les qualités sous-jacentes dans la joie ou dans la difficulté et la souffrance. De nouveau, c'est à vous de choisir.

Je vous propose de prendre la décision de recevoir dorénavant vos désirs et vos qualités avec joie. Ainsi, la partie divine en vous créera des circonstances qui vous permettront d'expérimenter cette évolution dans la joie.

Pour vous donner encore un exemple très personnel, l'été passé, nous sommes partis en vacances en Italie et lors d'une visite dans l'un des villages environnants, j'eus l'impression que mon mari roulait trop vite. Il y avait des travaux sur l'autoroute, les bandes de circulation étaient fort réduites et, à un moment, j'ai cru qu'un accident allait se produire et que nous allions mourir. Ce mal-être m'a tellement perturbée que je me suis dit : « Quelque chose d'important est en train de se produire là pour moi. » Or, dans la paix intérieure que je connais aujourd'hui, il en faut vraiment beaucoup pour que je me laisse ébranler par quoi que ce soit. Je sais que lorsque je le suis, c'est que j'entretiens une illusion qui me freine et m'empêche de voir ce qui est : que je suis divine avant tout, que mon mari est divin, que mes enfants sont divins, qu'il n'y a pas de vie, pas de mort, que tout est parfait et que j'accepte tout ce qui est. De retour à notre gîte, après avoir nagé quelques longueurs dans la piscine, je me suis isolée un moment. Je n'ai pas cherché à comprendre ce qui se passait. J'ai simplement laissé couler les émotions de peur, de jugement et de critique qui me submergeaient et je me suis apaisée. Ma seule intention était de m'apaiser en trouvant le moyen de me sentir bien, quoi qu'il arrive. Ce que j'avais déjà commencé à faire dans la voiture, mais mon concierge était encore furieux contre mon conjoint.

Dans la paix intérieure retrouvée, j'ai compris que cette grosse couche d'illusion que j'étais prête à laisser aller, c'était ma fausse idée de la vie et de la mort et ma croyance que mon mari et moi sommes responsables de la vie ou de la mort de nos enfants, qui détiennent toutefois autant de pouvoir de création que nous. Cette prise de conscience m'offrit une toute nouvelle ouverture. Je me suis rendu compte de l'énorme saut quantique que je venais d'effectuer dans ma compréhension de la vérité, ou de ma vérité, la vérité qui est mienne en ce moment, par rapport à mon incarnation sur ce plan.

Au moment du vécu de souffrance, c'était comme si on m'enfonçait un poignard dans le cœur, mais une fois que j'ai renoué avec mon intention de me sentir bien quoi qu'il arrive, sans chercher à comprendre ce qui se passait, sans chercher à interpréter ou à intellectualiser le pourquoi, le comment, et surtout sans chercher à culpabiliser, à juger l'autre, moi-même ou les enfants, j'ai pu recevoir la réponse de la partie divine en moi. Le soulagement que j'ai éprouvé ensuite était la preuve que j'avais découvert, en lâchant cette illusion, la voie d'une plus grande vérité.

Pensez à une qualité que vous aimeriez posséder tout de suite, comme la paix intérieure, plus de concentration, plus d'amour de vous-même. Dans combien de temps voulez-vous obtenir cette qualité ?

Vous n'avez pas besoin d'attendre un an, cinq ans ou toute une vie. Vous pouvez renforcer la présence de cette qualité dès aujourd'hui. N'oubliez pas que tout ce que vous désirez est déjà réalisé dans la « caverne de vos désirs réalisés ». Ouvrez-vous à la réception de ce que vous avez demandé et dites-vous : « J'accepte davantage cette qualité dans ma vie. Je suis plus paisible, plus centré et je m'aime encore plus. » En répétant ces affirmations, vous augmentez la présence de cette qualité en vous. Si vous êtes quelqu'un de timide et que vous voulez renforcer votre assurance ou votre confiance en vous, énoncez une affirmation et déclarez ce qui suit : « J'accepte davantage cette qualité dans ma vie, je me sens plus confiant, plus assuré, et je m'aime encore plus. »

Lorsque vous énoncez une affirmation, conjuguez-la au temps présent. Plutôt que de dire : « Je vais trouver la paix » et de repousser mentalement cela à un temps futur, dites : « Je suis en paix maintenant », car le subconscient ne fait pas la différence entre ce qui est vrai et ce que vous croyez vrai. C'est pour cela que beaucoup de nos croyances limitatives ont un pouvoir sur nous. En prononçant ces phrases et ces affirmations, vous reprogrammez votre subconscient qui acceptera ces nouvelles pensées comme vraies. Ainsi, des changements se produiront dans votre vie. Ils seront totalement en accord avec la réalité que vous construisez de l'intérieur.

Avoir une vie quotidienne satisfaisante facilite votre évolution spirituelle. Payer votre loyer, prendre du bon temps, être autonome et autosuffisant sont aussi importants pour votre développement spirituel que la méditation ou la visualisation. L'évolution se produit aisément en vivant votre vie dans sa totalité. Nous sommes ici pour vibrer la joie dans chaque relation que nous nouons, avec chaque être que nous rencontrons et devant chaque contraste que nous dépassons. Nous sommes ici pour apprendre à être pleinement présents et conscients de ce qui se passe autour de nous. Ce qui ajoute beaucoup plus de clarté, d'harmonie et de lumière à tout ce que nous faisons.

C'est dans nos interactions avec l'extérieur que nous pouvons évoluer à l'intérieur, mais c'est aussi dans nos choix et nos préférences déclarés et affirmés à l'intérieur que nous pouvons créer un extérieur qui nous corresponde plus. Intérieur et extérieur sont des vases communicants. L'évolution spirituelle consiste à harmoniser votre vie dans tous les domaines.

Il y eut un moment dans ma vie où nous vivions dans une très belle maison, la maison de mes rêves. Nous l'avions obtenue en utilisant sans le savoir les concepts de la loi d'attraction, mais en recevant argent et soutien financier par des canaux conditionnés. Nous avions conclu des accords familiaux et, inconsciemment, nous avions cédé notre pouvoir de création et de décision à des personnes extérieures. Nous avons vécu cinq années difficiles dans cette prison dorée. Nous avions un toit au-dessus de nos têtes, mais également beaucoup de dettes. En tant que travailleurs indépendants, nous avions beaucoup de croyances limitatives par rapport à tout cela et même si nous travaillions dur, nous n'arrivions pas à joindre les deux bouts. À un moment, j'ai joint un *coach* aux États-Unis et, lors d'une conversation téléphonique que je n'oublierai jamais, cette personne m'a dit : « Pour trouver le succès, il est important d'installer l'harmonie dans tous les domaines de votre vie. » Ce fut le déclic.

Tout allait bien dans ma vie, sauf sur le plan financier et relationnel. La situation financière désastreuse avait pesé sur ma relation avec mon mari et tout doucement celle-ci s'étiolait. J'avais perdu confiance en lui. J'avais perdu toute estime de moi-même et de lui. La relation s'effritait. Là, je me suis dit : « Wow ! Si je veux connaître le succès – et j'étais bien partie puisque j'avais traduit *La science de l'enrichissement* et le livre était publié –, il est important que je reconstruise ma relation ou que j'attire une relation beaucoup plus porteuse. »

J'ai compris ce jour-là que tant que je n'aurais pas installé l'harmonie dans tous les domaines de ma vie, je ne pourrais pas profiter d'un succès stable qui repose sur des fondations solides. J'ai immédiatement lancé mes préférences. Tout s'est rétabli dans la relation. Maintenant, l'harmonie règne dans tous les domaines de ma vie et c'est agréable à vivre. C'est le courant du bien-être. C'est le courant de l'abondance. L'argent entre aisément et facilement, les relations harmonieuses entrent aisément et facilement, la relation amoureuse est aisée, facile et agréable, et tout le reste aussi.

Harmonisez tous les domaines de votre vie et vous rejoindrez la vibration supérieure de l'être divin en vous, cet être qui par sa présence est lumière spirituelle, apportant conscience et amour partout où il est et qui voit dans chaque expérience une occasion de grandir.

Au début de notre évolution, nous veillons à répondre à nos besoins de survie immédiats, comme avoir un toit, payer son loyer, rembourser ses dettes, avoir quelque chose à manger, s'acheter des vêtements, etc. Une fois que tout cela est harmonisé, vous pouvez avancer dans votre évolution spirituelle, transformer chaque événement en occasion d'évoluer spirituellement, même les activités les plus banales et les plus routinières comme laver la vaisselle ou conduire la voiture. La philosophie zen dit : « Quand vous lavez la vaisselle, lavez la vaisselle ; quand vous méditez, méditez. » Ce qui veut dire : « Soyez dans l'instant présent, soyez une présence spirituelle là où vous êtes et dans ce que vous êtes en train de faire. »

Demandez-vous si vous arrivez à vibrer le moment présent en centrant toute votre attention sur ce que vous faites ici et maintenant. Est-ce que vous pouvez observer vos pensées d'un point de vue nouveau, plus élevé et les changer en pensées encore plus positives et encore plus élevées ? Arrivez-vous à garder votre mental focalisé sur une seule chose à la fois ou à envoyer de l'amour aux personnes qui vous entourent ?

Toutes vos activités vous offrent l'occasion de fonctionner dans un état de conscience plus élevé. Désormais, je vous invite à être totalement là où vous êtes, que vous soyez chez vous, au bureau, dans votre voiture, en train de lire un livre, de regarder la télévision ou de boire une tasse de thé ou de café au coin du feu. Apprenez à vous éveiller dans vos activités quotidiennes. Votre personnalité viendra baigner plus souvent sous l'influence de votre partie divine. Vous élèverez votre niveau vibratoire grâce à cette connexion de plus en plus continue avec votre partie divine, et cette élévation vibratoire persistera. Il se peut qu'une fois que vous aurez terminé une spire d'évolution, d'anciennes peurs et d'anciens contrastes remontent à la surface pour être traités à un niveau de conscience plus élevé pour vous permettre d'avancer plus loin sur votre spirale d'évolution.

Examinez combien de temps durent ces moments difficiles. En évoluant, vous verrez que vous les traverserez de plus en plus rapidement. Vous verrez de plus en plus clair. Votre capacité à vous entretenir financièrement et « pratiquement » et à aider les autres ira en grandissant. Vous serez beaucoup plus généreux et à l'écoute des autres, parce que vous entretiendrez une intention très claire par rapport à qui vous voulez être et ce que vous voulez donner.

Au début, vous ne remarquerez peut-être pas vos progrès spirituels tout de suite, mais avec le temps, votre capacité à rester dans cet état de conscience élevée augmentera. Les visions intérieures seront plus fréquentes, les coïncidences, les connexions télépathiques et les éclairs de sagesse intérieure surviendront plus souvent. Reconnaissez ces moments parce qu'en les reconnaissant, vous les amplifiez et vous en attirez davantage.

C'est un petit jeu auquel je joue de plus en plus ces temps-ci, parce que je suis arrivée à un stade dans mon activité, concernant le *marketing* et la publicité, et je me suis rendu compte que je n'ai plus de publicité à faire. Je n'ai pas à prendre ma place autrement que par ma seule présence lumineuse et divine dans tout ce que je fais et dans tout ce que je suis. Pas seulement lorsque je traduis, écris ou échange sur Internet, mais aussi dans ma vie quotidienne. Il me suffit de parler à la partie divine en moi ou à la Source directement : « Envoie-moi une idée qui me permette d'évoluer, d'avoir du plaisir, de m'amuser, et de répandre encore davantage tous ces enseignements, cette joie, ces manifestations et ces succès, pour en faire profiter un maximum de gens. »

Je suis toujours étonnée de recevoir ces idées lorsque je suis la plus détendue, c'est-à-dire lorsque je m'y attends le moins, que je ne suis pas en train de travailler ou de me dire intellectuellement : « Que pourrais-je bien faire ? » mais bien lorsque je suis en train de m'endormir, d'écrire, d'admirer le paysage dans le train ou l'avion.

Je n'ai plus besoin de directeur du *marketing,* je n'ai plus besoin du service publicitaire, je n'ai plus besoin de réaliser des brochures. Le seul fait de demander et de recevoir suffit. Je reçois des désirs trop beaux pour être vrais.

⇨ Si vous avez une activité et si vous êtes à un stade de votre évolution professionnelle où vous voulez avoir plus d'impact sur les autres et sur le monde qui vous entoure pour contribuer à son évolution, cessez de penser en fonction de techniques publicitaires et de *marketing* agressif. Pensez plutôt en fonction de réception d'idées d'expansion. Vous serez étonné de voir par quel canal ces idées vous arriveront. Parfois, elles vous arrivent sous la douche, dans un rêve ou un article que vous lisez et parfois, elles vous arrivent par quelqu'un qui discute avec vous et tout à coup, une petite lumière s'allume en vous, vous venez de recevoir une idée.

Acceptez-vous et aimez-vous tel que vous êtes ici et maintenant, dans votre imperfection parfaite ou dans votre perfection imparfaite, car nous sommes la perfection. La partie divine en nous est parfaite et elle évolue toujours plus avant dans sa perfection. La partie humaine en nous est imparfaite et elle évolue grâce à son imperfection. Nous sommes parfaits tels que nous sommes ici et maintenant. Cherchons plus souvent ce qu'il y a de bon en nous, apprécions tout ce que nous faisons de bien et reconnaissons tous les moments où nous nous aimons vraiment.

Une participante aux ateliers m'envoie régulièrement des courriels d'amour pour elle-même, pour moi-même, pour le vortex, pour l'Univers tout entier. C'est très « élévateur » de recevoir ce genre de courriels. Je sens bien que ce n'est pas mon ego qui reçoit ces courriels. Je perçois clairement que c'est mon âme. Ces courriels sont tellement universels. Ils vibrent l'amour inconditionnel pour tout ce qui est : j'accepte et j'aime tout ce qui est. C'est important de se le dire et de se le répéter. Si en plus vous pouvez vous entourer de personnes qui le disent et le répètent souvent, faites-le. Donnez-vous raison plutôt que tort. Soutenez-vous dans tout ce que vous faites.

La paix intérieure vient de votre harmonie avec le processus dans son ensemble, en comprenant que tout ce qui vous arrive fait partie de votre développement spirituel, donc acceptez tout ce qui est.

Dites-vous que chaque saut que vous faites vers une conscience plus élevée, chaque nouvelle spire à laquelle vous accédez, rend le saut suivant plus facile. C'est un peu comme les millionnaires qui disent qu'« une fois le premier million gagné, le suivant est beaucoup plus facile à attirer ». Il en va de même dans votre évolution. Plus vous vous rapprochez de la paix et plus vous voyez les signes de vos progrès. Vous pouvez passer des années à établir le fondement de votre être, puis soudain vous progressez simultanément dans plusieurs domaines parce que vous vous rapprochez du moment où vous toucherez votre vérité. Certaines personnes mettent des années avant de se décider à évoluer et à faire le premier pas, mais le temps passé entre les différentes étapes de développement diminue au fur et à mesure de leur avancement.

Le stade ultime de votre évolution est la paix durable. Cela ne veut pas dire que vous ne serez plus jamais passionné. Cela signifie que vous ne vivrez plus les hauts et les bas de la passion suprême liée aux attentes, aux calculs ou aux émotions régis par les conditions extérieures.

Par contre, vous vivrez le bonheur serein d'une vie de passion et d'enthousiasme, totalement détachée des circonstances et uniquement dérivée de votre choix intérieur de cultiver des émotions agréables, même lorsque les conditions ne s'y prêtent pas.

Qu'est-ce qui illustrerait le mieux cet état de paix intérieure durable, si ce n'est le témoignage de personnes appliquant les principes décrits ici ou dans mes livres précédents, dans les ateliers ou les formations que j'anime, dans les séances de *coaching* qu'elles s'offrent ici et là.

«Je fais tous les matins une rencontre d'une heure avec moi-même pour bien rester alignée et je me transforme en un véritable soleil au cours de la journée. Les obstacles s'en vont les uns après les autres. Je sais que je vais réussir et je suis heureuse. Ce que j'ai cherché toute ma vie dans la douleur, je l'ai trouvé grâce à vous, Marcelle, et grâce à tous vos conseils. À moi de l'enseigner aux personnes qui auront le souhait de transformer leur vie pour l'apprécier chaque seconde. Je ne pouvais pas avoir de plus beau cadeau et je vous dis merci pour ce magnifique cheminement vers le meilleur où tout scintille, tout brille, et où pour la première fois de mon existence je peux affirmer : *Oui la vie est belle.* »

—Marie-Noëlle M.

La paix et la sérénité intérieures s'obtiennent à ce prix, le prix de la joie entretenue et vécue sans raison, juste pour le plaisir de vous sentir bien à chaque instant de votre vie.

Prenez la décision dès aujourd'hui de faire ce pas de la passion vers la paix, et la partie divine en vous vous apportera ce que vous demandez. Bientôt, vous pourrez déclarer, comme cette participante : « Ma vie d'avant la connaissance de la loi d'attraction était comme un jardin de fleurs magnifiques et abondantes que j'aurais recouvert de ronces. J'ai regardé sous les ronces et cela les a fait disparaître. Il ne reste de mon passé que les fleurs et je m'aperçois qu'elles avaient toujours été là en abondance. Ma vie était déjà merveilleuse ! De toute évidence, ma Source m'a inspiré ces paroles superbes, car je n'y avais jamais songé ainsi auparavant. Cette image de fleurs est si belle et si douce que je la porte en moi. Je pense à tout cela, remplie d'amour pour les personnes et les événements, et c'est un ressenti merveilleux ! »

Que la paix vous accompagne désormais !

EXERCICE

Aloha !

Chaque fois que vous ressentez de la jalousie ou toute autre émotion d'envie, harmonisez-la en envoyant une bénédiction à la personne qui possède la voiture ou la maison de vos rêves ou qui mène une vie de rêve, selon vos critères.

Envoyez-lui une bénédiction et votre inconscient ressentira le bonheur que vous vibrez vers elle et il lancera le processus de vous fournir tout ce qui est déjà vôtre sur le plan virtuel.

Nous faisons tous partie d'une même vérité. Comme disaient les Mayas, « je suis vous et vous êtes moi ». Pendant que vous souhaitez le meilleur à l'autre, vous vous le souhaitez également à vous-même. En ressentant le plaisir pour la voiture, la maison, la silhouette ou les vêtements désirés, vous envoyez des instructions à votre subconscient de vous fournir cette voiture, cette maison, cette silhouette ou ces vêtements. Bientôt, vous aurez la même chose ou mieux encore.

Les miracles commencent ici en manifestant votre rêve :

⇨ Visualisez votre rêve. Passez dix minutes chaque jour à le visualiser avec couleurs et sons. Puis, sentez l'excitation et le frémissement de l'accomplissement. Ressentez le plaisir que vous vibrez lorsque vous faites bon usage de vos créations.

⇨ Énoncez vos affirmations porteuses chaque jour.

⇨ Harmonisez tous sentiments ou toutes pensées désagréables le plus rapidement possible. N'énoncez pas ces pensées à haute voix.

⇨ Soyez doux avec vous-même et félicitez-vous d'avancer à votre rythme, quel qu'il soit.

Témoignages

« Je profite de mon arrivée sur Facebook pour vous exprimer ma gratitude. Merci, Marcelle, d'être celle que vous êtes. Vous avez contribué à me mettre sur ma voie avec joie et sans crainte et je goûte chaque jour au bonheur d'être. L'ici et le maintenant sont quand même très reposants. Merci à l'Univers aussi ! L'aventure continue, alors à bientôt ! »

—Françoise

« Quelle joie immense m'accompagne chaque jour grâce à cette formation ! Belle journée à toi, Marcelle, et un grand merci. »

—Christelle

« Bonsoir, Marcelle, je viens te remercier pour des clients qui arrivent jusqu'à moi, depuis ton site, et l'Univers, et je suis tout à fait ravie de voir ces synchronicités qui interviennent au moment où je pense création de lieux d'échange et de rencontre ! J'ai tout simplement le besoin de me sentir reliée à toi en te donnant ces nouvelles, sans plus ! Je ne manquerai pas de te raconter les merveilleux moments que nous allons partager en ton nom, car tes écrits les touchent et simplement ces personnes veulent en apprendre davantage sur la loi d'attraction. Ce que tu voulais voir naître est en train de "mûrir", comme tu le dis si bien, je travaille avec une kinésiologue et tout est en place, je le sens, c'est tout à fait juste ! Je partagerai avec toi ces essaimages en te réécoutant. "J'entends" le résultat de la boule de neige qui prend forme enfin ! Tout est parfait ! Merci, merci, merci. »

—Aline

« Bonsoir, chère Marcelle, je t'embrasse et te remercie de ce merveilleux cadeau que sont tes enseignements. Je ne serai plus jamais la même. Tes enseignements ont marqué un tournant décisif dans ma vie. Depuis ce matin, j'ai eu l'occasion de pivoter encore et encore. Des créations amicales plus sincères, authentiques et vraies arrivent dans mon hologramme. Tu vois, grâce à toi, ça va, j'accepte. Je pratique tous tes enseignements. C'est comme si maintenant, c'est la pratique et la pratique, pour plus de joie, d'amour et de prospérité ! Merci encore et encore, chère sœur de lumière. »

—Catherine

« Bonsoir, Marcelle, me voilà d'abord pour te remercier d'avoir été mon agent de l'Univers pendant cinq mois. Grâce à cette participation, j'ai compris que, malgré la lecture de très beaux livres sur le développement personnel, il y a un temps où il faut entrer en action. Il faut, comme tu le dis très bien, sortir de sa zone de confort. Il faut agir selon l'arrivage des informations et avoir foi dans ce qui viendra vers nous. La peur nous empêche souvent d'agir, mais dès que nous nous lançons, même avec des moments de doute, c'est un WOW qui vibre à l'intérieur de nous et qui nous fait grandir.

« Cette formation que, d'ailleurs, tu as très bien conçue et préparée m'a bien instruite concernant la loi d'attraction. D'une telle manière qu'elle fait entièrement partie de mon existence. Cet état, je voulais l'obtenir avec cette formation, et c'est un succès !

« Merci pour ta belle vibration agréablement contagieuse, donc une connexion parfaite, même par ordinateur, tout au long de ces semaines.

« Je ne suis plus du tout la même. J'ai été transformée par tes cours et j'ai pris le chemin de mon être authentique. Une transformation qui ne s'arrêtera plus jamais, car elle est devenue essentielle.

«Merci, Marcelle, c'est magnifique que tu partages toute cette richesse intérieure avec autrui, ce qui m'a fait comprendre que donner, c'est recevoir. C'est toujours dans les deux sens ! Nous grandissons ensemble. C'est sûr ! »

—Marleen

« Le secret du bonheur est simple : trouvez ce que vous aimez réellement faire et ensuite dirigez toute votre énergie vers cette activité. Quand vous ferez cela, l'abondance coulera dans votre vie et tous vos désirs se réaliseront avec aisance et facilité. »

—Robin S. Sharma, dans *Le moine qui vendit sa Ferrari*

Et si vous décidiez de vivre avec passion cette année ?

Posez-vous les questions suivantes :

Quelle est la chose la plus amusante que vous puissiez imaginer créer cette année ?

_____
_____

Quelle chose magnifique voudriez-vous expérimenter dans les deux années à venir ?

_____
_____

Identifiez vos trois passions principales, que ce soit dans votre vie personnelle ou professionnelle. Ces passions vous rendent incroyablement heureux et vous offrent un sentiment d'accomplissement chaque fois que vous vous concentrez sur elles.

_____
_____
_____

Imaginez que vous vivez chacune de ces passions au maximum. Laissez votre imagination créer de nouvelles avenues de joie et d'aventure dans le domaine de chacune de vos passions. Quelles seraient ces avenues ?

_____
_____

_____
_____
_____
_____
_____
_____
_____
_____

Mes plus grandes passions ici et maintenant sont la famille, l'écriture, apprendre à autrui à croire en son potentiel de création infini et voyager.

Lorsque je vis ces passions au maximum, je me visualise :

- Je vis dans une magnifique propriété en Provence. Elle compte plusieurs chambres d'amis afin d'y accueillir mes amis et ma famille. Il y a une piscine, des vignes à perte de vue, des oliviers et des bougainvilliers. Nous jouons, rions et partageons de chaleureux repas et nous vibrons la joie et la détente totale.

- J'écris chaque fois que j'en ressens l'envie, dans un magnifique bureau avec vue sur les champs de lavande et les vignes alentour. Je suis entourée d'une équipe qui adore gérer les tâches administratives et informatiques et d'un *coach* qui m'aide à harmoniser ma vie professionnelle, ma vie privée, ma santé et mon bien-être physique et spirituel. Je dispose de plusieurs ordinateurs qui soutiennent avec fiabilité et efficacité mon activité d'écriture et d'enseignement. J'écris de magnifiques romans initiatiques qui touchent le cœur et l'âme des gens et de moi-même. Je fête chacun de mes succès de librairie avec mon éditeur et son équipe.

- Mon activité de formation et d'enseignement me fait parcourir le monde et me permet d'attirer et de rencontrer les participants et les organisateurs parfaits pour partager séminaires et ateliers intensifs. Je profite d'un haut niveau de confort partout et ma famille me rejoint dès qu'elle le peut pour explorer ces pays une fois le séminaire terminé. Je prends plusieurs mois de vacances chaque année pour vivre de magnifiques aventures avec ma famille et les emmener dans des endroits de rêve.

Voilà juste quelques exemples et si j'avais plus de place ici, je pourrais écrire plusieurs pages visionnaires sur chacune de mes passions. La vision ci-dessus fait réellement partie de ma vibration et je la vibre de plus en plus chaque jour. C'est ainsi qu'elle est déjà bien accomplie.

J'ai choisi d'embrasser ce modèle de vie à un tout autre niveau cette année, car il décuple mes sentiments de joie et d'accomplissement. Il me place également dans un état de flux qui me permet de jouer à un niveau de joie encore plus élevé, en toute légèreté.

À votre tour, maintenant. Répondez aux questions ci-dessus et soyez une grande présence qui, malgré et grâce aux contrastes qu'elle vit, offre toujours un impact positif énorme sur les personnes qui l'entourent. Faites tout dans l'excellence et donnez le meilleur de vous-même partout et en tout. Laissez votre passion diriger votre créativité, puis dites oui à chacune de vos visions.

L'énergie illimitée et abondante réside dans tout ce qui vous passionne.

Lorsque vous êtes suffisamment passionné par la vie, vous accédez à la vitalité en vous chaque fois que vous le désirez.

En route vers la passion !

Marcelle della Faille

À propos de l'auteure

Auteure, *coach* et traductrice de livres portant sur le développement personnel et la sensibilisation à la vraie nature de l'être humain, Marcelle della Faille vous propose de découvrir ou de redécouvrir les principes de la nouvelle pensée et de la loi d'attraction. Par l'entremise des livres qu'elle a écrits ou traduits et réédités, elle partage avec vous de très anciens secrets pour vous permettre d'accéder à l'abondance et au bien-être dans votre vie !

Elle offre des cours, des ateliers, des conférences, des stages, des séminaires, du *coaching* de la loi d'attraction auprès de particuliers, de services d'entreprises, d'écoles, d'associations, d'organismes privés ou publics, etc.

Pour joindre Marcelle della Faille

Site : http://loi-d-attraction.com

Twitter : http://twitter.com/loidattraction

Facebook : http://www.facebook.com/marcelle.dellafaille

LinkedIn : http://be.linkedin.com/in/marcelledellafaille

Recommandations

De nombreux auteurs, philosophes, penseurs et orateurs m'ont amenée là où je suis maintenant. Ma bibliothèque est remplie de livres, de CD et de DVD de philosophie, de psychologie, de spiritualité et de sagesse ancienne, de sorte qu'il m'est difficile de sélectionner ceux que j'aimerais vous recommander. Ma recherche spirituelle et existentielle a débuté lorsque j'avais treize ans et n'a cessé d'évoluer depuis !

Je vais donc nommer ici les personnes qui m'ont inspirée à créer délibérément la vie de mes rêves, celles qui m'ont indiqué clairement comment manifester concrètement chacun de mes désirs, qu'ils soient matériels, relationnels, professionnels ou spirituels :

- Le dalaï-lama
- Niska, merveilleux peintre inspiré, et Elona, sa douce et merveilleuse compagne, que j'adore retrouver chaque année à Montréal (http://niska.org)
- Liliane Demers, autre peintre fabuleuse, dont je découvre les nouvelles toiles à l'hôtel Hilton de Montréal chaque mois de novembre (http://lilianedemers.com)
- Chris et Janet Attwood, auteurs de *The Passion Test* (www.janetattwood.com/Janet/Home/index.cfm)
- Robert Scheinfeld (www.bobscheinfeld.com/)
- Julia Cameron (www.theartistsway.com/)

- Paul R. Scheele, auteur de *Natural Brilliance* (www.learningstrategies.com)
- Marcy Koltun-Crilley, cofondatrice de la communauté virtuelle Powerful Intentions (www.powerfulintentions.org/xn/detail/u_1h2oc7sza3irn)
- Abraham-Hicks (http://abraham-hicks.com)
- Mike Dooley, *Les messages de l'Univers* (www.tut.com)
- Wallace D. Wattles, *La science de l'enrichissement*, *La science de la santé*, *La science de la grandeur* et tous ses autres ouvrages.

Bibliographie

Livres écrits par Marcelle della Faille

Aux Éditions Le Dauphin Blanc

- *Faites sauter vos limites*. Passez de la limitation à l'expansion, 2010.
- *Un secret à leur portée*. Guide parental pour expliquer la loi d'attraction aux enfants, 2009.
- *L'odyssée de la prospérité*. Découvrez comment créer votre vie idéale et réaliser tous vos rêves, 2008.
- *Manuel pratique du secret de la loi d'attraction*. Manuel pratique pour changer sa vie en 30 jours, 2008.
- *Le secret de la loi d'attraction*. Comment créer délibérément sa vie en 30 jours, 2007.

Aux Éditions de la Loi d'attraction

- *Le manuel de l'abondance*.

Comment attirer délibérément l'abondance dans votre vie et créer la vie de vos rêves aisément et facilement ?, 2008. Disponible également en livre électronique.

Œuvres pour enfants, disponibles au http://loi-d-attraction.com :

- *La quête de Sam Kukaï – Le gardien de la sagesse*, 2008. Disponible également en livre électronique.
- *La quête de Sam Kukaï – L'épée de vérité*, 2008. Disponible également en livre électronique.

Aux Éditions Lanore

- *Les lois du bien-être.* Découvrez comment vous harmoniser avec les lois de l'univers et jouer la symphonie du bien-être continu, 2011.

Livres traduits par Marcelle della Faille :

Aux Éditions Le Dauphin Blanc

- *Les secrets sans âge.* Traduction de *The Secret of the Ages* de Robert Collier, 2011.
- *La science du succès.* Traduction de *Making of The Man Who Can* (intitulé ensuite *How to Promote Yourself*) de Wallace D. Wattles 2010.
- *Développer sa personnalité par le pouvoir de la pensée.* Traduction de *Character Building Thought Power* de Ralph Waldo Trine, 2009.
- *La cause et l'effet.* Traduction de *Cause and Effect* de Charles F. Haanel, 2009.
- *Votre pouvoir invisible.* Traduction de *Your Invisible Power* de Geneviève Behrend, 2008.
- *La science de la grandeur.* Traduction de *The Science of Being Great* de Wallace D. Wattles, 2007.
- *La clé de la maîtrise.* Traduction de *The Master Key System* de Charles F. Haanel, 2007.
- *La science de l'enrichissement.* Traduction de *The Science of Getting Rich* de Wallace D. Wattles, 2006.

Aux Éditions de la Loi d'attraction

- *La science de la santé.* Traduction de *The Science of Being Well* de Wallace D. Wattles, 2007. Disponible également en livre électronique.

RECYCLÉ
Papier fait à partir
de matériaux recyclés
FSC® C103567

MARQUIS
Marquis imprimeur inc.

Québec, Canada
2012

Imprimé sur du papier Silva Enviro 100% postconsommation
traité sans chlore, accrédité ÉcoLogo et fait à partir de biogaz.